KB122477

진경산수의 고향, 청하읍성

포항지역학연구총서 7

진경산수의 고향

清河邑城

박창원 이재원 김상백

도서출판 나루

청하읍성 복원을 염원하며

이 책은 2021년, 포항지역 사회에 던지는 '청하읍성 복원'이라는 화두이다. 이 책이 나오기 전인 2020년에 청하읍성 복원과 관련한 두 가지 일이 있었다. 청하읍성 관련 학술세미나가 그 하나요, 다른 하나는 포항시에서 시행한 청하읍성 터 발굴조사이다.

2020년 10월 22일, 포항문화예술회관에서는 경상북도에서 주최하고, 포항지역학연구회에서 주관한 '청하읍성 복원을 통한 어촌 인문 활성화 방안'이라는 주제의 학술 세미나가 열렸다. 이 세미나에서는 박창원(동해안민속문화연구소장)의 〈청하읍성 주변 인문자원의 관광자원화 검토〉라는 발제가 있었고, 이어 〈상주읍성 역사문화 자원의 보존과 활용〉(공간연구소 김상호 대표), 〈나주읍성 복원과 활용 사례〉(나주시청 역사관광과 김종순 팀장), 〈청도읍성 복원을 통한 지역정체성〉(청도문화원 박윤제 원장), 〈코로나19 시대의 관광변화와 로컬마을 관광 활성화〉(프로젝트 수 정란수 대표) 등의 주제발표를 통해 타 지역 읍성 복원사례와 관광자원화 방안이 제시됐다. 청하읍성 발굴이라는 주제가 지역사회에 처음으로 공론화된 자리였다.

2020년 12월 9일, 청하읍성이 있는 포항시 북구 청하초등학교 북쪽 도로변에서 포항시 주관으로 회의가 열렸다. 청하읍성이 위치한 어린이보호구역 내 보행로 개설공사 구간 발굴조사와 관련한 학술자문회의였다. 여기에는 포항시 관계자, 청하면 관계자, 발굴조사업체 전문가, 한밭대학교 명예교수인 심정보 박사 등 10여 명이 참석했다. 발굴 현장 설명을 듣고, 청하읍성을 둘러본 심정보 교수는 두 번 놀랐다고 했다. 문헌상으로만 보던 청하읍성이 이렇게 양호한 상태로 남아 있다는 사실에 놀랐고, 이처럼 잘 남아 있는 청하읍성이 국가사적은 물론, 지방기념물로도 지정되지 않은 채 방치되고 있다는 사실에 놀랐다고 했다. 참석한 포항 사람들은 다 부끄러워 고개를 들 수 없었다.

기록에 의하면 청하읍성은 처음 고려 현종 때 토성으로 쌓았고, 조선 세종 9년 (1427)에 청하현감 민인(閔寅)이 석성으로 쌓았다고 한다. 2012년 포항시에서 용역기관을 통해 작성한 〈청하읍성 기본조사 및 복원타당성 조사보고서〉에 의하면 청하읍성은 구릉형 자연지형에 남북 180m, 동서 140m의 장방형으로 축조되었으며, 현재 잔존율이 약 53%에 이를 정도로 보존상태가 양호하다고 한다. 그러나 보고서가 나오고 주민설명회를 개최하려다가 인근 주민들의 반발로 무산된 후 9년 간 청하읍성 복원문제는 한 발짝도 앞으로 나가지 못하고 있다.

청하읍성은 잔존율 못지않게 1733년부터 2년 간 청하현감으로 재임했던 겸재 정선이 그린 〈청하성읍도(淸河城邑圖)〉로 인해 유명하다. 〈청하성읍도〉는 겸재 자신이 근무하던 읍성의 모습을 조감도처럼 세밀하게 그려 남긴 작품이다. 여기에는 읍성의 형태와 건물의 배치, 향교를 비롯한 읍성 주변의 모습이 담겨 있다.

겸재의 이 그림 하나만으로도 청하읍성은 복원되어야 할 충분한 가치가 있다. 겸재는 청하읍성에 근무하는 동안 내연산 폭포를 탐승하면서 내연산 폭포 그림을 여러 점 그렸는가 하면, 한국 회화사에 길이 남을 '금강전도' 같은 명작을 그려 남겼다. 그래서 혹자는 겸재의 청하현감 시절을 '진경산수화의 발현기'라 칭하기도 한다. 청하읍성은 그런 곳이다.

조선시대 포항지역에는 흥해, 청하, 연일, 장기에 읍성이 있었다. 이 중 장기읍성과 청하읍성은 보존상태가 좋은 편이다. 특히 장기읍성은 20여 년 전부터 수백 억 원의 국가예산을 들여 기초조사와 발굴조사, 복원사업을 진행하고 있고, 이미 포항시의 명소가 되었다. 청하읍성도 복원된다면 포항시 북부 지역의 랜드마크가 될 것이다.

이 책은 총 4장과 부록으로 구성되어 있다. Ⅰ장 〈청하, 읍성이 있었네〉는 청하읍성의 전반적 현황을, Ⅱ장 〈청하, 진경산수의 발현지 되다〉는 겸재 정선의 청하현감 시절 그림 이야기를, Ⅲ장 〈청하읍성, 시인묵객들이 사랑하다〉는 청하읍성 관련 옛 선비들의 시문(詩文)을, Ⅳ장 〈청하읍성, 인문자원이 관광자원이다〉는 청하읍성 주변 인문자원의 관광자원화 가능성에 관한 내용과 청하읍성 복원 관련 학술세미나 토론문을 실었다. 부록에서는 청하읍성 관련 문헌자료와 청하읍성을 거쳐 간 역대현감의 발자취를 담았다.

포항시에서는 지금부터라도 장기적 관점에서 청하읍성 보존 및 복원대책을 세워야 한다. 우선 지장물이 없는 부분에 대한 발굴을 서둘러야 하고, 발굴 결과에 따라 문화재 지정 신청을 해야 한다. 읍성 내 관공서 이전도 필요하다. 그런 다음에 복원사업을 벌여야 한다. 물론 이 같은 절차는 인근 주민들의 불이익을 최소화하도록 배려해야 하며, 또한 읍성 복원으로 생기는 이익이 주민들에게 돌아가도록 해야 한다. 그래야 청하읍성도 살고, 지역사회도 산다.

이 책은 청하읍성 복원을 위한 지역사회의 관심이 증대되고, 읍성 복원을 위한 구체적 논의의 출발점이 되었으면 한다. 아울러 긴 시간과 많은 사람들의 고민이 필요한, 청하읍성 복원을 위한 작은 밀알이 되기를 소망한다.

2021년 5월
저자를 대표하여 박창원 씀

책 머리에

자료로 보는 청하읍성

자료로 보는 청하읍성

정선, 〈청하성읍도〉, 1733년 추정

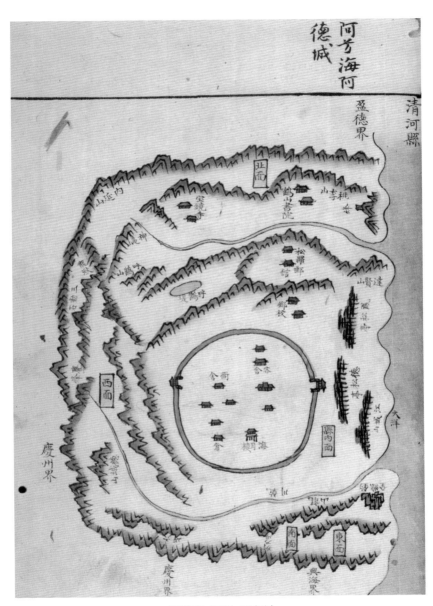

《여지도》, 1736~1767년

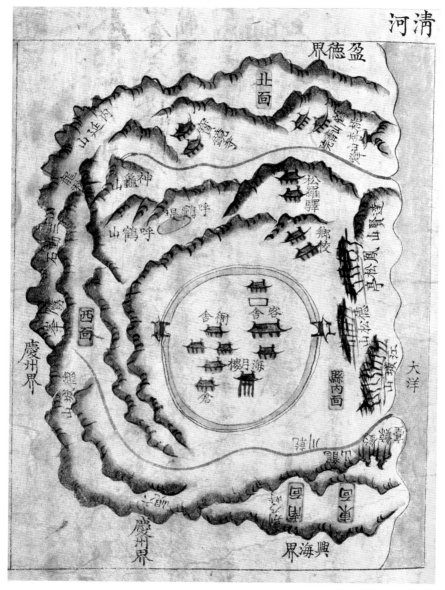

《각읍지도》, 영조 26년(1750) 이전 추정

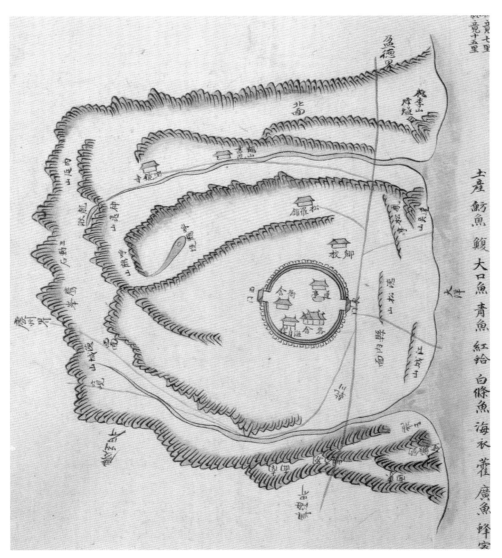

《해동지도》, 1750년 경

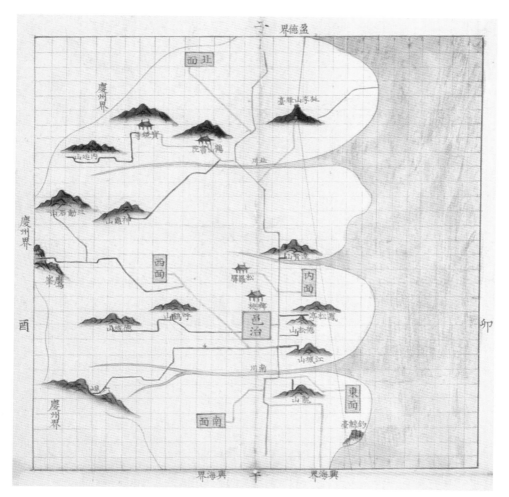

《비변사인방안지도》, 1760년 경

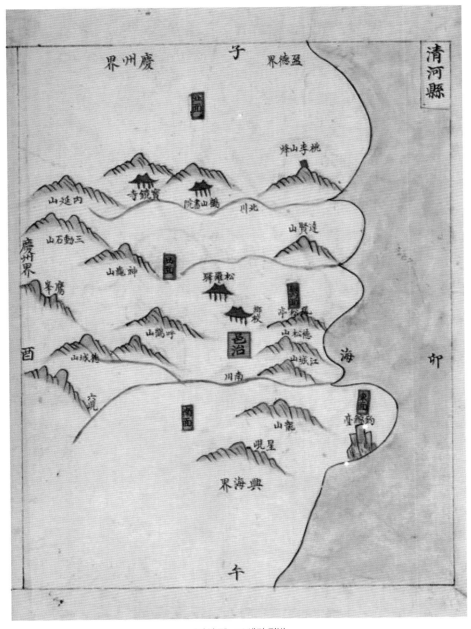

《광여도》, 19세기 전반

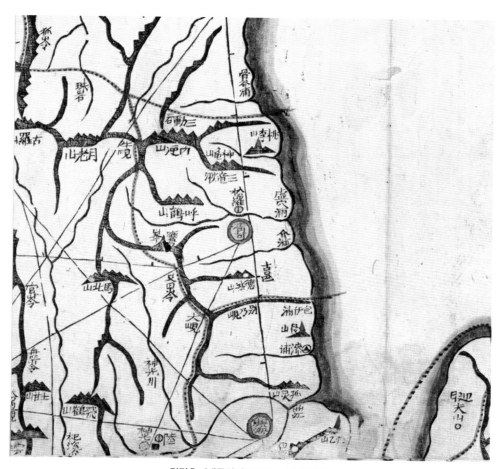

김정호,《대동여지도》부분, 1864년 경

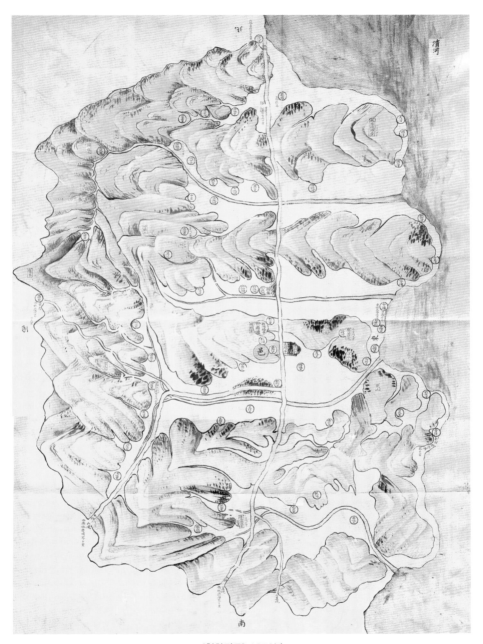

《청하지도》1872년

자료로 보는 청하읍성

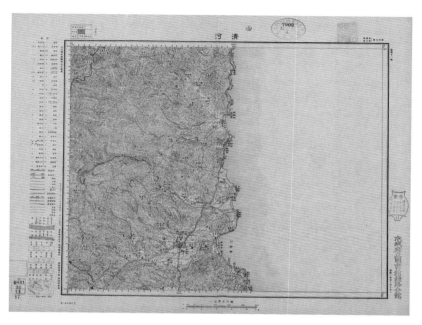

《청하 1/50000 지형도》, 46×58cm, 1918년

1970년대 청하초등학교 기록사진(출처_청하초등학교)

동산 철거 이전 전경 ①

동산 철거 이전 전경 ②

동산 철거 이전 전경 ③

동산 철거 이전 전경 ④

동산 철거 과정 ①

동산 철거 과정 ②

동산 철거 과정 ③

동산 철거 과정 ④

동산 철거 과정 ⑤

동산 철거 과정 ⑥

식목 과정 ①

식목 과정 ②

식목 과정 ③

식목 과정 ④

2021년 청하읍성 사진 (사진ⓒ 김정호)

동쪽 성벽 ①

동쪽 성벽 ②

동쪽 성벽 ③

자료로 보는 청하읍성

남쪽 성벽

서쪽 성벽(학교 안) ①

서쪽 성벽 ②

북쪽 성벽 ①

북쪽 성벽 ②

방치된 성돌 ①

방치된 성돌 ②

I. 청하, 읍성이 있었네

1. 청하의 연혁과 명칭 유래

청하의 연혁

청하읍성이 위치한 포항시 북구 청하면의 연혁은 멀리 고구려 때로 거슬러 올라간다. 고구려 때 아혜현阿兮縣의 영역이며, 신라 때 해아현海阿縣으로 개칭하여 유린군有隣郡(지금의 영해)의 영현領縣이 되었다. 이후 고려에 들어와 청하현淸河縣으로 고쳐 현종 9년(1018) 경주부에 내속되었으며, 조선 태조 원년(1392)에 감무(후에 종6품인 현감)를 두어 경주부의 영현이 되었다.[1]

고종 때인 1895년 5월 26일에 청하군淸河郡으로 개칭되어 동래부東萊府에 속했다가 1896년 8월 4일 13도제 실시 때 경상북도의 관할이 되었으며, 1906년 9월 24일 경주군의 죽장면을 죽남면竹南面과 죽북면竹北面으로 분면하여 청하군에 편입하였다. 일제강점기인 1914년 3월 1일 인근 흥해·연일·청하·장기 4군을 영일군으로 통폐합할 때 옛 청하현 지역을 청하면과 송라면으로 분면하였다.[2]

---

1 『신증동국여지승람』, 권 23. 아혜(阿兮)라는 지명은 현재 고구려 때 현기(縣基)였던 서정리에 위치한 아혜사(阿兮寺)라는 절 이름으로 남아 있고, 해아(海阿)라는 지명은 20세기 후반에 해아중학교(현 청하중학교), 해아학원, 해아전기 등으로 쓰였거나 쓰이고 있다.
2 포항시사편찬위원회, 『포항시사』(하), 1999, 708쪽.

2020년 현재 법정리 18리와 행정리 28리를 관할하고 있으며, 인구는 2020년 말 현재 4,827명이다.[3]

'청하'라는 명칭의 유래

청하淸河라는 지명을 두고 사람들은 이름이 참 좋다고 한다. 어감이 좋을 뿐만 아니라 '맑은 물'이란 의미 또한 아름답다고 한다. 그렇다면 듣기 좋고, 뜻도 좋은 이 명칭의 유래는 무엇일까?

왕조실록을 제외하고 청하라는 명칭이 가장 먼저 등장하는 문헌은 세종 7년(1425)에 간행된 『경상도지리지(慶尙道地理誌)』이다. 이 책의 〈청하현〉조를 보면 "옛날의 아혜현이다. 신라 때 해아현으로 바꾸었고, 유린군(지금의 영해)의 영현에 속했다. 고려 때 청하현으로 바꾸었고, 경주부의 관할이 되었다(古之阿兮縣. 新羅時改海阿縣, 屬有隣郡今寧海 領縣. 高麗時改淸河縣, 屬鷄林府任內)."라고 하여, 고려 때 청하현으로 바뀐 것만 설명하고 있을 뿐 명칭의 유래와 관련해서는 어떠한 설명이 없다. 이후 중종 25년(1530년)에 간행된 『신증동국여지승람(新增東國輿 地勝覽)』을 비롯한 대부분의 지리지나 읍지들도 이 기록을 따라 기술하고 있어, 현재로서는 청하 명칭의 유래와 관련된 정확한 기록을 찾아볼 수 없는 상황이다.

『일월향지日月鄕誌』의 저자인 박일천은 청계리淸溪里와 하방리河芳里(현 고현2리)의 머리글자를 따서 청하라 했을 것으로 보았다.[4] 두 마을은 청하에서 비교적 형성시기가 오래된 곳인데, 경주와 상주의 머리글자를

---

3 통계청 자료.
4 박일천, 『일월향지』, 일월향지편찬위원회, 1967, 18쪽.

따서 경상도라 하고, 전주와 나주를 조합하여 전라도라 한 것처럼 두 곳의 명칭을 조합하여 지명을 정하던 방법은 보편적으로 많이 쓰여 왔기에 상당한 설득력을 가진다.

다른 가능성이 보이는 근거가 하나 있다. 지금의 청하면과 송라면 주민들 사이에서 오르내리는 설로 '청하골'이란 지명에서 따 왔을 것이라는 주장이다. 옛 청하현 지역에서 행정구역 명칭 외에 '청하'라는 이름이 들어간 곳은 보경사가 위치한 내연산의 깊은 골짜기를 일컫는 이름인 '청하골'이다. 청하골은 삿갓봉(716m), 매봉(810m) 등에서 발원된 물이 연산폭포, 관음폭포, 잠룡폭포 등 내연산 12폭포의 절경을 이루면서 내리달려 보경사에 이르는 약 12km의 긴 골짜기를 이르는 이름이다.[5] 그렇다면 '청하'라는 이름이 '청하골'에서 왔을 가능성이 있다. 특히 '맑은 물'이라는 의미를 생각하면 수긍이 가는 추론이다. 그러나 이 가능성은 청하현이라는 행정구역 명칭이 정해지기 전에 청하골이라는 명칭이 먼저 사용된 것을 전제로 하는데, 현재로선 문헌 속에 청하골이란 기록을 찾을 수 없기에 확인할 길이 없다.

---

5   김홍주, 〈청하의 명승지 순례〉, 『관송(觀松)』 창간호, 청하중학교, 1986. 77쪽. 〈한국의 산하〉 홈페이지(http://www.koreasanha.net)

2. 청하읍성 개요 및 현황

* 아래의 자료는 〈청하읍성 기본조사 및 복원 타당성 조사보고서〉 포항시(2012)를 인용하였다.

청하읍성 개요

위치   경상북도 포항시 북구 청하면 덕성리

축성 시기   1426~8(세종 9~11, 선덕 원~3)[6]

성곽 형태   구릉지 읍성

규모   둘레 1,353척, 높이 9척

내부 시설   객사(德城館, 현 청하초등학교), 동헌(현 청하면행정복지센터)

기타   · 고려 현종 2년(1011)에 토성으로 축조되었다가 1427년에
            석성으로 축조했다는 기록 있음.[7]

---

6   『청하현읍지(淸河縣邑誌)』(1832), 『포항시사』 3권(2010) 287쪽 재인용. "청하읍성은
    1427(세종 9년) 청하현감 민인(閔寅)때 안동, 봉화, 풍기, 영천 등지의 읍군에 의해
    축성된 것으로 주위 1,353자, 높이 9자, 여첩(女堞, 성 위에 낮게 쌓은 담, 몸을 숨겨
    적을 치는 곳) 1첩, 동서문 내 못이 2곳, 우물이 2곳이었다는 기록(1832년의 『청하현
    읍지』)이 있어 시기상의 혼란을 주나 1427년에 축성 사업이 크게 시작되어 꾸준히
    성을 쌓은 결과 준공 때의 규모가 마지막 수치로서 여러 읍지에 기록된 것으로 보
    인다. 『경상도속찬지리지』(1469)에는 '宣德戊申石築'으로 기록되어 있어 세종 10년
    (1428년)에 축성한 것으로 기록되어 있다.
7   고려 현종 2년 축성 기록은 『고려사절요』에 보이지만 토성이라는 기존의 주장은 근
    거가 미약하다. 기록에는 성을 쌓았다고만 되어 있다. 다만, 조선시대 여러 기록에
    서 기존의 토성을 석성으로 보수하는 과정이 보이는 관계로 청하읍성 역시 초기에
    는 토성이었을 가능성은 있다.

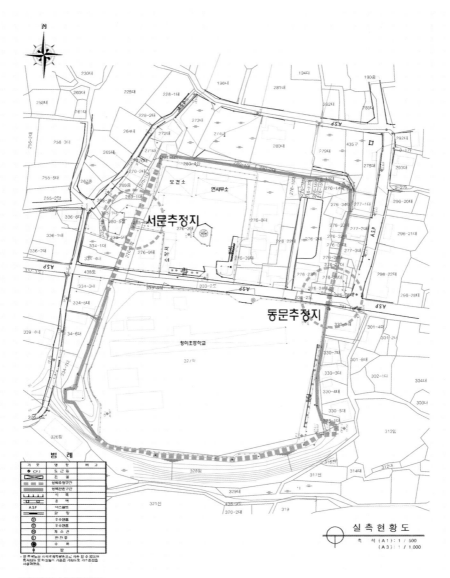

서문추정지

동문추정지

· 현 행정복지센터 내에 조선시대 불망비, 공덕비 등 관련 유물이 소
수 남아 있음
· 청하초등학교 내 건축 유구(초석 등)가 일부 노출되어 있음.

청하읍성 현황

[성벽 현황]

성벽 잔존 규모

성벽의 형태가 온전히 남아 있는 곳은 확인되지 않으며, 일부 하부구
조물만 확인되고 있다. 하부구조물 또는 성벽의 일부가 확인되는 곳을
잔존구간으로 설정하여 그 규모를 파악하면 다음과 같다.

· 잔존구간 : 338.32m(53.54%)
· 유실구간 : 293.60m(46.46%)

구조 및 축조기법

청하읍성의 구조는 성벽의 단면이 명확하게 드러나 있지 않아 현재
로서는 확정하기 어려우나, 노출되어 있는 외관상으로 파악하면 다음
과 같은 성곽분류에 해당한다.

● 재료별 : 석성石城

정선의 〈청하성읍도〉를 바탕으로 청하읍성은 토성과 석성이 혼합된
형태로, 그림에서 토성으로 표현된 부분은 지고가 높아 읍성 내부에
서는 성벽이 노출되지 않으나, 외벽은 석성으로 구성된 것으로 파악
된다.

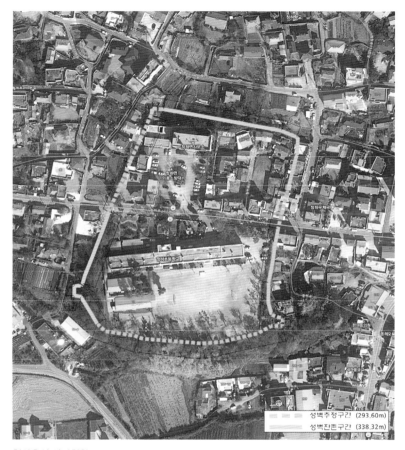

성벽추정구간	(293.60m)
성벽잔존구간	(338.32m)

청하읍성 성벽현황

● 지형별 : 평산성平山城

　읍성 내부는 평탄한 평지가 조성되어 있으나, 전체적으로 서쪽에서 동쪽으로 완만한 경사를 이루고 있다. 한편 동쪽의 현황을 보면 읍성 내부와 외부의 고저차가 현저하게 나타나고, 내부는 비교적 평탄한 상황으로 볼 때 내부는 읍성의 건설과 함께 오랜 시간 동안 평탄화 작업이 진행되었음을 추정할 수 있다. 성벽 외벽의 상황은 동쪽에서 서쪽으로 갈수록 급격히 경사가 심해져 서쪽의 경우 산사면에 기대어 성벽이 조성된 것으로 추정된다.

● 쌓기법 : 자연석 허튼층 쌓기

하부에는 거친다듬을 한 대형 장방형 석재를 2~3단 바른층 쌓기를 하여 하부 지대석을 구성하고 있으며, 그 상부로는 30~80cm의 다양한 크기의 막다듬의 자연석을 허튼층 쌓기로 성벽을 구성하고 있다. 성벽의 외부 현상은 자연석 허튼층 쌓기로 추정된다.

성곽시설물 현황

● 성문 및 문루

성문 및 문루는 현재 남아 있지 않으며, 초석 등 그 위치를 추정할 만한 유구도 확인되지 않는다. 다만, 지적선의 형상으로 미루어 보아 동문 및 서문의 위치가 추정된다. 한편, 남문과 북문은 확인되지 않았다. 이는 〈여지도〉, 〈해동지도〉, 〈청하성읍도〉 등 에서도 동서문만 표현되어 있는 것으로 보아 남문은 지형상 급경사지인 관계로 건설되지 않은 것으로 추정되며, 북문의 부재는 조선시대 읍성들이 전통적으로 북쪽에 관아 및 객사를 배치하면서 그 배후에 해당하는 북쪽에 문을 두지 않는 전통과 연관지어 생각해볼 수 있다. 동문과 서문은 모두 원의 4분원 형태의 옹성甕城이 설치되었던 것으로 추정되며, 동문 옹성의 지대석으로 추정되는 유구가 현재 도로에 매립되어 있는 상태로 상면만 확인되고 있다.

● 치雉

성곽의 방어시설인 치는 각형角形으로 서남쪽과 동남쪽 모서리부분에서 확인된다. 동남쪽 치의 경우 그 일부만 확인되고 있으며, 서남쪽 치는 비교적 배치형태가 육안으로 확인되지만, 지상에 노출되어 있는 유구는 없어 향후 고고학적 조사를 통하여 재확인이 필요하다.

● 성곽 형태

성곽은 별도의 여장 시설 없이 내탁을 둔 형태로 추정된다. 문헌기록상 '여첩 1첩'이라 기록되어 있기는 하지만, 잔존 성벽과 〈청하성읍도〉 등의 자료에서는 여장은 확인되지 않고 있다. 문헌상의 '여첩'은 몸을 숨길 수 있는 형태의 시설로 범위를 넓혀 본다면 내탁을 '여첩 1첩'으로 표현했을 가능성도 배제할 수 없다. 청하초등학교 서측 담장 부분에 내탁 형태의 성곽이 잘 남아 있다.

청하초등학교 서측의 성벽 잔존 부분 – 내탁형 성벽(2021년 4월 24일 촬영)

[청하읍성의 석재]

　청하읍성 축성에 쓰인 돌은 두 가지이다. 동편과 북편 성벽에 쓰인 돌과 서편 성벽에 쓰인 돌이 다르다. 서편(청하초등학교 서편 울타리 부분) 성벽에 쓰인 돌은 대부분 크기가 작은 자연석이 대부분이고, 동편과 북편 성벽에 사용된 돌은 크기가 큰 장방형의 가공석이 대부분이다. 그러면 이 가공석은 어디에서 채취하여 이곳까지 운반했을까 하는 의문이 든다.

청하읍성 석재

용두리 채석장 추정지

　청하읍성 동편과 북편 성벽에 사용된 돌은 적갈색의 화산암류로 이곳에서 동쪽으로 약 3km 떨어진 용두리 용산에 많다. 특히 현재의 포스코월포수련관 서북쪽에 위치한 용두2리 제당 주변에는 청하읍성 축성에 사용된 석재와 같은 암석을 쉽게 볼 수 있으며, 과거 어느 시기에 대량으로 채취했음직한 흔적이 남아 있다. 따라서 청하읍성을 쌓을 때 이곳에서 축성용 석재를 채취하고 다듬어 약 3km 떨어진 청하읍성 축성현장까지 수레로 운반했을 것으로 추정된다.

[읍성 내 건물 배치]

〈청하성읍도〉를 바탕으로 한 읍성 내 건물 추정 배치안.(이삼우 작성)

청하읍성에서 가까운 흥해읍성興海邑城을 그린 고지도를 보면 읍성 내
에 고을 수령의 집무 공간인 동헌東軒, 다른 곳에서 온 관원을 묵게 하
는 곳인 객사客舍, 아전衙前의 집무실인 작청作廳, 관아에 딸린 장교의 집
무실인 장청將廳, 수령을 보좌하는 자문기관인 향청鄕廳, 군사軍司, 무기
고인 군기고軍器庫, 세금을 징수하는 곳인 전정소田政所, 적소籍所, 감옥인
형소刑所 등의 건물이 배치되었음을 알 수 있다.

청하읍성 내의 건물 배치도 이와 비슷했을 것으로 짐작되는데, 청하
의 향토사학자인 이삼우李森友는 2010년에 겸재 정선의 〈청하성읍도〉를

바탕으로 〈청하읍성도〉[8]를 그린 바 있다.

2012년 포항시에서 용역기관을 통해 작성한 〈청하읍성 기본조사 및 복원 타당성 조사보고서〉에는 객사지 및 관아지를 다음과 같이 추정하고 있다.[9]

청하초등학교 : 추정 객사지客舍址

1910년 6월 10일 천일사립학교로 인가를 받고 1912년 7월 12일에 청하공립보통학교로 개교[10]한 청하초등학교는 1913년에 제1회 졸업생을 배출하였다.[11]

일제강점기 공립학교의 개교과정에서 통상적으로 관공서, 특히 객사와 같이 대공간을 가지고 있는 시설물이 전용되는 경우가 일반적이었으며, 청하공립보통학교 역시 유사한 과정을 겪었을 것으로 추정된다. 현재 청하초등학교 교정에는 객사 또는 동헌과 관련된 유구로 다수의 치석재와 초석으로 추정되는 치석재와 일부 장대석, 비석 옥개석 등이 확인되며, 청하읍성의 성벽유구가 학교 담장하부에서 일부 확인된다. 그러나 확인되는 치석재들은 모두 원위치가 아닌 지표상의 유구로 건축물의 배치 또는 위치를 파악하기에는 어려움이 있다. 한편, 청하초등학교에서 소장하고 있는 교정확장공사 관련 사진(21~27쪽 참조)은 주변 성곽의 해체과정에 대한 단초를 제공하고 있어 향후 정밀한 연구가 진행될 경우 청하읍성의 원형에 대한 좀 더 많은 정보를 제공할 것으로 기대된다.

---

8   이삼우, '내 고향 청하' 향토사의 반추, 『관송(觀松)』 10, 청하중학교, 2010, 50쪽.
9   포항시, 〈청하읍성 기본조사 및 복원타당성 조사보고서〉, 2012, 99-102쪽.
10 청하초등학교 홈페이지 '청하초등학교연혁'참조.(http://cheongha.school.gyo6.net)
11 국가기록원〈학적부(청하공립보통학교 제1회-제10회)〉, 생산년도 1913년, 종료년도 1922년. 〈http://contents.archives.go.kr

청하면행정복지센터 : 추정 관아지官衙址

청하면사무소(현 청하면행정복지센터)는 일제강점기인 1914년에 처음 설치되었으며, 그 이전에는 청하현의 관아가 있던 곳으로 추정된다. 1989년 10월 30일에 준공된 현재의 청하면행정복지센터는 청하성터에 건립되었다고 하며, 구청사는 본관이 목조건축물로 62평, 의회당이 35평, 부속사가 25평 있었다고 한다. 청하면행정복지센터 주변에는 보건소와 소방서 등 유관기관이 배치되어 있고 각기 현대식 건축물이 들어서 있다.

면행정복지센터 및 보건소 등의 건축물 공사과정에서 시·발굴 등 문화재조사의 결과물이 보고되지 않은 것으로 보아 문화재조사는 진행되지 않은 것으로 보이며, 주변에는 대형 치석재가 곳곳에 산재하고 있다. 그러나 지표상에 일정한 배치를 보여주는 유구는 확인되지 않고 있다. 가장 최근에 공사한 보건소 건축물 주변으로 치석재가 산재하고 있는 것으로 보아 청하읍성과 관련된 매장유구가 남아 있는 것으로 판단된다.

향후 일대에 대한 시·발굴조사가 진행될 경우 건물지의 성격 및 배치에 관한 귀중한 근거가 마련될 것으로 보인다.

한편, 행정복지센터 화단에는 9기의 비석이 세워져 있다. 이 비석들은 대부분 조선시대 선정비善政碑로 이 일대가 관아지였음을 추정케 하는 유물이다. 선정비 현황은 〈표1〉과 같다.

〈표1〉 선정비 현황

연번	대상인물	건립시기	연번	대상인물	건립시기
1	이덕봉 현감	1584	6	이삼현 관찰사	1868
2	이 성 현감	1774	7	이순겸 현감	1872
3	이 성 현감	1775	8	조원식 현감	1890
4	민치헌 현감	1883	9	이인긍 군수	1900
5	이익영 현감	1814			

면행정복지센터 정면에는 회화나무 1그루가 보호수(시나무, 11-18-16)로 지정되어 있다.

추정 수령은 300년 이상이다. 나무의 뿌리부분의 지표 높이로 보았을 때 1600년대와 현재의 해발고도는 큰 차이 없이 유지되었던 것으로 추정된다.

[청하읍성 터 발굴조사][12]

2020년 11월, 포항시 건설교통사업본부(교통지원과)에서 어린이 보호구역 내의 통학로 확보를 위하여 포항 청하초등학교 주변 보도설치 사업을 진행하였다. 해당구간에 대한 공사를 시행하는 중 공사구간 내에서 청하읍성의 성벽의 흔적이 확인되어 공사시행 중 매장문화재 발견신고가 이루어졌다.

이에 포항시(문화예술과)에서는 해당구간에 대한 전문가 자문을 구한 결과, 이미 성벽의 일부가 노출된 구간에 대하여서는 수습발굴조사를 실시하고, 나머지 구간에 대하여서는 발굴(시굴)조사를 실시하라는 의견을 제시하였다. 이에 포항시 건설교통사업본부(교통지원과)에서는 해당구간에 대한 수습발굴 및 발굴(시굴)조사를 (재)천년문화재연구원에 의뢰하였다. 수습발굴 및 발굴(시굴)조사는 문화재청 허가 제2020-1678호(2020.1.26)에 의거 2020년 11월 30일부터 2020년 12월 11일까지 실조사 7일의 일정으로 실시하였다.

---

12 이 내용은 〈포항 청하초등학교 주변 보도설치 사업구간 내 유적 수습발굴 및 발굴(시굴)조사 약식보고서〉(재단법인 천년문화재연구원, 2020.12)의 내용을 요약한 것임.

청하초등학교 주변 보도설치 공사 시행 중 청하읍성의 성벽 흔적이 확인되어 발굴조사를 하였다. (2020년 12월 3일 촬영)

　발굴조사 결과, 수습발굴조사 구간에서는 청하읍성의 성벽 기저부 일부와 내탁부의 흔적이 확인되었으며, 발굴(시굴)조사 구간에서는 청하읍성 내부의 건물지 흔적으로 추정되는 유구가 확인되었다. 조사가 어느 정도 진행된 2020년 12월 9일 현장에서 학술자문회의를 개최하였다. [자문위원 : 심정보(한밭대학교 명예교수), 이상준(전 부여문화재연구소 소장)]

　학술자문회의 결과, 조사과정에 확인된 동벽 체성 내탁부의 토층조성방법을 확인하는 추가조사가 필요하며, 확인된 유구에 대해서는 발굴조사를 진행하여 유구의 규모 및 성격을 확인하는 것이 바람직하나, 현 상태에서 확장조사는 불가하므로 발굴조사를 유예하고, 추후 여건이 조성되면 발굴조사를 추진하는 것이 바람직하다는 의견이 제시되었다. 이에 조사단에서는 동벽체성 내탁부의 토층 조성방법에 대한 추가 보완조사를 마무리한 후 현장에서 철수하였다.

청하초등학교 앞 발굴현장에서 개최한 학술자문회의.(2020년 12월 9일 촬영)

    이후 포항시에서는 해당구간에 대한 공사시행을 위하여 발굴조사 유예와 관련하여 문화재청과의 협의를 진행하였으며, 그 결과 해당구간에 대하여 성토후 보도설치를 하는 것으로 정밀발굴조사를 유예하되, 공사시 조사기관의 입회하에 진행하고 관련 결과보고서를 제출하도록 하였다.

3. 청하읍성 관련 지명 [13]

1980년대의 교동 모습. 오른쪽에 청하향교가 보인다.

[교동校洞]

읍성 북쪽에 인접한 마을로 향교가 있어 향곳골 또는 교동이라 불렀다. 현 덕성2리에 속한다. 월성이씨 집성촌으로 고을 원의 사저와 아전衙前들의 사택이 많던 마을이다. 사택으로 쓰였던 한옥들은 대부분 사라졌으나 돌담이 곳곳에 남아 당시의 영화를 대변하고 있다.

---

13 포항시사편찬위원회, 같은 책, 697쪽.

[동문걸·동밖]

읍성 동문 바깥지역에 형성된 마을로 도로변에 청하우체국, 포항시농
업기술센터청하상담소, 청하제일교회가 있다. 성터에서부터 이 거리에
청하장이 섰는데, 1960년대 초에 미남리의 현 위치로 옮겼다.

[서문밖·섬밖]

읍성 서문 바깥지역에 형성된 마을이다. 소위 포항에서 영덕 방면으로 통
하는 국도7호선이 개설되기 전까지 동해안에서 경주, 대구, 서울로 가는
중심 통로였던 곳으로서 금은방은 물론 각종 점포가 있었던 지역이다.

[덕송德松]

동문걸의 큰길 건너 동편에 노송림이 울창하여 덕송이라 하였는데, 송
림이 훼손된 곳에 민가가 들어섰다. 1950년대까지 작은 시장 역할을
했던 거리인 저자걸이 있고, 덕천리에서 이건移建해 온 청하침례교회가
있다.

[관덕관송전觀德官松田]

읍성 남쪽 약 500m 지점인 청하중학교를 둘러싸고 있는 송림을 부르
는 말이다. 줄여서 관송전觀松田이라고 하는데, 관덕동에 있는 관에서
조성한 솔밭이란 뜻이다. 조선 세종 때 청하현감 민인閔寅이 인근 하천
의 범람을 막고 관에서 쓰일 나무를 조달하기 위해 이 숲을 조성했다.
하지만 연산군과 고종 때 탐관오리가 이 숲을 벌채하여 물의를 일으킨
일이 있다 한다. 일제강점기와 6·25전쟁을 거치면서 벌채되거나 개간
돼 약 10ha에 달하였던 숲이 현재는 0.8ha에 500여 그루만 남아 있다.
2000년 제1회 아름다운숲전국대회(산림청·생명의숲·유한킴벌리 주최)에서
학교숲 부문 대상을 받은 숲이다.

4. 청하읍성을 거쳐간 역대 청하현감

역대 청하현감 명단

1929년에 발간된 『영일읍지迎日邑誌』[14]에 기록된 청하현감은 모두 201명으로 그 명단은 다음과 같다. 『영일읍지』의 이 명단은 이후 발간된 지방 사서인 『영일군사迎日郡史』(1990)나 『포항시사浦項市史』(2010)에서도 거의 그대로 쓰였다.

노을정盧乙正	강사의姜思義	이거현李巨賢	김　필金弼	송　규宋圭
이　녕李寧	김보안金甫安	성　경成踁	이　혜李蟪	장지보張之甫[15]
하　면河沔	김　외金畏	성　해成該	김도생金道生	김수인金壽仁
김명도金明道	안구양安溝陽	강　정姜貞	박　지朴持	권계경權啓經
권자용權自庸	안경직安敬直	윤　박尹璞	신우경辛遇慶	이　화李華
윤　간尹諫	진자강晉自康	금이성琴以成	황윤문黃允文	허　선許旋
류효지柳孝池	이수상李守常	최　헌崔巘	조경치曺敬治	방　강方綱
백계손白繼孫	장을포張乙浦[16]	심동귀沈東龜	송희진宋希進	권순선權順善

14　김용제, 『영일읍지(迎日邑誌)』, 1929.
15　장지보(張之甫)는 장을보(張乙甫)의 오기이다. 1871년, 1899년 『청하현읍지』에는 張乙甫로 적혀 있으나 『영일읍지』(1929)와 『영일군사』(1990)에는 張之甫로 잘못 적었다.
16　장을포(張乙浦)는 장을보(張乙甫)의 오기이다. 그래서 장을보는 이중 기재가 된다.

이장한李章漢	임시준任時準	이정간李正幹	정기윤鄭岐胤	이준악李峻岳
류교영柳喬榮	임택호任澤鎬	윤 영尹榮	김만중金萬重	류수창柳壽昌
한익창韓翊昌	남계하南啓夏	황 도黃鍍	노세환盧世煥	김성유金聖游
이 성李渻	임 철任轍	이징복李徵復	심 태沈垈	홍옥보洪沃輔
엄 구嚴球	곽의구郭依舊	박충의朴忠義	민 보閔寶17	조동호趙銅虎
고강수高崗壽	안석전安錫佺	윤형철尹衡哲	이보연李普衍	조유선趙有善
김명연金命淵	이익영李翼榮	이영원李永源	박민순朴民淳	이병원李秉遠
오 현吳玹	신응모申應模	류도종柳道宗	장윤식張胤植	이헌기李憲基
임택호任澤鎬18	이순겸李純謙	김 극金極	류 상柳常	김수량金守良
윤현행尹顯行	송원창宋元昌	이보원李珤源19	안용지安勇智	조세동趙歲同
조 종趙琮	신 학辛鶴	홍순강洪順江	김약평金若平	장세린張世璘
배맹건裴孟乾	박 정朴頊	박 윤朴胤	이수견李壽堅	김자연金自淵
류무빈柳茂濱20	박 언朴堰	이 고李股	이언전李彦塡	이수홍李守弘
전윤온全允溫21	이 락李洛	서희여徐希呂	정홍헌鄭弘獻	서시중徐時重
호몽진扈夢辰22	박억추朴億秋	류 회柳淮	강사룡姜士龍	이 진李珍

---

17 민보(閔寶)는 민인(閔寅)의 오기이다. 『청하현읍지』(1832, 1871, 1899)에는 민인(閔寅)으로 적혀 있으나 『영일읍지』(1929)에서 寅을 寶로 잘못 적는 바람에 이후 발간된 『영일군사』(1990), 『포항시사』(2010)에서도 閔寶로 적었다.

18 임택호(任澤鎬)는 원래 이름이 규호(奎鎬)인데, 청하현감 재임 중 택호(澤鎬)로 바꾸었다. 승정원일기(1880.8.29.)에 "청하현감 임규호 이름을 택호로 바꾸었다(淸河縣監任奎鎬名字, 改以澤鎬)"고 기록되어 있다. 『영일읍지』에는 2번이나 기재한 오류가 보인다.

19 이보원(李王+珤源)은 이보원(李土+珤源)의 오기로 보인다. 『영일읍지』에서 '보'를 '임금 왕(王)' 변에 '珤'를 쓴 '王+珤'로 적고 있으나 1832년과 1871년, 1899년 『청하현읍지』에는 모두 '흙 토(土)' 변에 '珤'를 쓴 '土+珤'로 적었다.

20 류무빈(柳茂繽)의 오기이다.

21 전윤온(全允溫)은 1899년 『청하현읍지』에 김윤온(金允溫)으로 적었다. 오기이다.

22 호몽진(扈夢辰)은 옹몽진(邕夢辰)의 오기이다. 1832년, 1871년, 1899년 『청하현읍지』에는 옹몽진(邕夢辰)으로 기록돼 있으나 『영일읍지』(1929)에서 邕을 扈로 잘못 적는 바람에 이후 발간된 『영일군사』(1990), 『포항시사』(2010)에서도 扈로 적었다.

정희안鄭希顔	최진국崔鎭國	고덕부高德符	김덕붕金德鵬	조정간趙廷幹
신 괄申䒓²³	정응성鄭應聖	도신국都藎國	남대명南大溟	박 수朴琇
소계희蘇繼喜	강 혜姜諐	허정은許廷誾	박형준朴亨俊	권 오權悟
이시득李時得	김익현金益賢	이윤서李胤緒	전득우田得雨	이상원李象元
심 양沈瀁	이 번李藩	류사경柳思璟	최 영崔郢	이 립李岦
신경영辛慶英	홍석무洪錫武	권 항權伉	이명빈李命賓	조 비趙備
류정휘柳挺輝	박중부朴重敷	이몽석李夢錫	한공억韓公億	정 선鄭揎
윤세형尹世衡	이훈상李勛相	이규일李揆一	길진귀吉震龜	류 적柳迪
김세우金世遇	송명연宋明淵	권윤경權允經	이보명李保命	권세륭權世隆
이언륜李彦綸	정 선鄭繕²⁴	최홍상崔弘相	이정원李廷瑗	권정택權正宅
김범행金範行	최창걸崔昌傑	이해원李海圓²⁵	채민공蔡敏恭	박명순朴明巡²⁶
남명관南命寬	정덕제鄭德濟	김희택金熙澤	최 곤崔崑	장현충張鉉忠
김광소金光素	박종유朴宗有	권 후權㷞	정혜교丁惠敎	백종륜白宗倫
윤일선尹日善	박효문朴孝聞	이덕우李德愚	정 담鄭墰	김상기金尙祺
이학묵李學默	김우동金羽東	박황진朴璜進	이시하李時夏	손영로孫永老
마기승馬箕昇	이주의李周儀	김정진金靖鎭	조종우趙鍾禹	이관하李觀夏
송규진宋圭晋	장운택張雲澤	김영진金泳鎭	장길상張吉相	이재헌李載憲
서상면徐相冕	정재남鄭載南			

---

23 신괄(申礻+舌)은 신괄(申䒓)의 오기이다. 『청하현읍지』(1832, 1871, 1899)에는 신괄(申䒓)로 기록돼 있으나 『영일읍지』(1929)에서 䒓을 礻+舌로 잘못 적는 바람에 이후 발간된 『영일군사』(1990)에서도 잘못 적었다.

24 정선(鄭繕)은 정선(鄭敽)의 오기이다. 『청하현읍지』(1832, 1871, 1899)에는 정선(鄭敽)으로 기록돼 있으나 『영일읍지』(1929)에서 敽을 繕으로 잘못 적는 바람에 이후 발간된 『영일군사』(1990), 『포항시사』(2010)에서도 정선(鄭繕)으로 적었다.

25 이해원: 이해도(李海圖)의 오기이다. 『청하현읍지』(1832, 1871)에는 이해도(李海圖)로 기록돼 있으나 이후 발간된 1899년판 청하현읍지에는 이도해(李圖海)로, 『영일읍지』(1929)에서는 이해원(李海圓)으로 잘못 적었다. 이후 발간된 『영일군사』(1990)에서도 이해원으로 적었다.

26 박명순(朴明淳)의 오기이다.

1832년의 『청하현읍지』에는 170명, 1871년의 『청하현읍지』에는 189명, 1899에는 210명의 현감 명단이 올라 있다. 『영일읍지』의 현감 명단은 그 당시로써 가장 최근의 『청하현읍지』인 1899년판을 참고했을 만한데, 1899년판 읍지의 현감 명단 중 『영일읍지』에서 누락된 이름이 10명이나 되고, 수록 순서도 달라 어떤 자료를 토대로 작성했는지 의문을 갖게 한다. 그러다보니 1899년 『청하현읍지』환적宦蹟편에 있는 민천좌閔天佐, 이응인李應仁, 신장현申章顯, 박승현朴承顯, 최재삼崔在三, 민치헌閔致憲, 김승규金勝圭, 정기찬鄭基贊, 조원식趙元植, 이인긍李寅兢은 1929년의 『영일읍지』에는 보이지 않는다.

청하면행정복지센터에 전시되어 있는 옛 청하현 선정비.(2021년 4월 24일 촬영)

청하현감의 업적 기록

청하현감의 업적을 기록한 문헌은 『신증동국여지승람新增東國輿地勝覽』
과 『청하현읍지』이다. 『신증동국여지승람』 청하현 조에는 명환名宦이라
해서 업적이 지대한 현감 2명을 소개하고 있는데, 민인閔寅[27]과 조동호
趙銅虎이다.(216쪽 부록 참조)

● 민인

읍성을 쌓았고 또한 의창을 설치했다. 이행李行[28]의 시[29]에, "청하 고을
생김은 궁벽하게 넓은 바닷가에 있다네, 밭도 좋고 호구戶口도 많아서
대개는 부창富昌[30]에 못지않았건만, 왜적이 일어나면서부터 쇠하고 죽는
것 날로 심하였네. 동네와 마을이 언덕이 되고 풀밭이 되어 오랫동안
누루와 사슴 노는 고장 되었네. 현관縣官이 성을 쌓고 만호萬戶에 신부信
符를 두고, 배를 저어 개포介浦에 대니, 수륙水陸의 군사 위력이 생겨 서

---

27 민인(1390~미상): 태종 17년(1417) 식년시 합격. 승문원 저작랑, 청하현감, 청송부사
    등을 지냈다. 『세종실록』에는 세종 8년(1426) 7월 30일 청하현감 민인이 사조(辭朝)
    하니 임금이 이르기를 '수령의 직책이란 요역(徭役)을 가벼이 하고, 부세(賦稅)를 가
    벼이 하도록 힘쓰는 데 있다. 나의 이 뜻을 몸받아 가서 행하라(淸河縣監閔寅辭, 上
    引見謂曰 守令之職, 務在輕徭薄賦, 體予至懷, 往欽哉)'라는 왕명이 적혀 있다. 민인
    은 청하현감으로 재임하는 동안 토성인 청하읍성을 석성으로 개축하고, 하천 주변
    의 홍수를 예방하고 관에서 쓸 목재 조달을 위해 관덕동에 송림을 조성하는 등 큰
    업적을 남겼다. 『신증동국여지승람(新增東國輿地勝覽)』 청하현 편에 명환(名宦)으로
    소개되어 있다.
28 李行(이행): 고려 후기의 문신이다. 본관은 여주(驪州)이다. 자는 주도(周道)이고, 호
    는 기우자(騎牛子)·백암거사(白巖居士)·일가도인(一可道人)이다. 충주목사 이천백
    (李天白)의 아들이다. 고려 공민왕 20년(1371년) 과거에 급제하고 한림수찬이 되었
    다. 경연참찬관(經筵參贊官)·예문관대제학 등을 지냈다. 1392년에는 이조판서로 정
    몽주(鄭夢周)를 살해한 조영규(趙英珪)를 탄핵했다. 고려가 망하자 예천동(禮泉洞)
    에 은거했다.
29 『기우선생문집(騎牛先生文集)』(권1)에 수록되어 있다.
30 의창(義昌)의 오기이다. 의창은 청하현의 인접 고을인 흥해군(興海郡)의 옛 이름이다.

로 흩어졌던 옛 백성 사방에서 모여들어, 밭 갈고 집 지어서 제 자리로 돌아갔네. 민閔 후는 나의 친구, 일 본 것이 두 해 남짓, 애써서 백성 진휼하고 개연히 의창義倉도 회복했네. 또 따라서 관사官舍도 지었으니 점차로 청당廳堂이 마련되었도다. 손님과 나그네 잠자리 편하고, 이속吏屬들도 기황饑荒을 면하였네. 예전부터 수령의 직분은 이밖에 다른 것은 없는 것일세."하였다.[31]

● 조동호[32]

『영일읍지迎日邑誌』 청하현감 명단에는 재임 기간 중 특별한 업적이 있는 28명에 대해 주註를 붙여 표시하였는데, 그 현황은 다음과 같다. 성명을 잘못 기록한 민보閔宝는 바른 이름인 민인閔寅으로 고쳐 적는다. 업적의 내용은 읍성 내 건축물의 신축·보수나 수리시설의 신축·보수에 관한 것이 많다.

● 류교영 　향교를 중수하였다(重修鄕校).
● 윤　영 　호학제를 개수하였다(改修呼鶴堤).
● 김만중 　향교의 문루를 새로 세웠다(新建鄕校門樓).
● 류수창 　관아의 청사를 새로 설립하였다(新設衙舍).
● 한익창 　광천과 대평에 새로 방보를 설립하였다(廣川大坪新設防洑).
● 남계하 　사직실을 세웠다(建社稷室).
● 황　도 　사창의 동쪽 창고를 새로 세웠고 각 창고를 다시 수리하였다(新建社倉東庫, 重修各庫).
● 김성유 　객사를 중건하고 해월루를 이건했다(重建客舍, 移建海月樓).

---

31 민족문화추진회, 『국역 신증동국여지승람Ⅲ』, 1985, 373쪽.
32 이름만 있고, 업적은 기록되지 않았다

- 임　철　사창의 동쪽 창고 10칸을 세웠다(建社倉東庫十間).
- 이징복　해월루를 새로 세웠다(新建海月樓).
- 심　태　사직실을 세웠다(建社稷室).
- 홍옥보　대성전 중문 3칸을 세웠다(建大成殿中門三間).
- 엄　구　양사청을 설치하고 향교의 문루를 중수하였다(設養士廳, 重修鄉校門樓).
- 민　인　성곽을 쌓고 의창을 복원하였다(築城郭, 復義倉).
- 조동호　동헌을 중창하였다(重創東軒).
- 안석전　객사, 부속건물 및 사창을 다시 세웠다(改建客舍公須及社倉).
- 윤형철　향교의 문루 및 관청의 창고를 세웠다(建鄉校門樓及官廳庫).
- 이보연　내아와 책실을 고쳐 세우고 공수를 옮겼다(改建內衙及冊室, 移建公須).
- 조유선　해월루를 중수하고 제단의 담장을 수리하고 쌓았다(重建海月樓, 修築祭壇垣墻).
- 김명연　사창, 현고, 황고, 화약창을 중수하고 동문루와 해월루를 다시 쌓고 덕천보를 새로 쌓았다(重建社倉玄黃兩庫火藥倉, 改築東門樓海月樓, 新築德川洑).
- 이영원　수구방(水口坊), 두곡(斗谷), 엄곡(掩谷) 등 3제방을 다시 쌓았다(改築水口坊斗谷掩谷等三堤).
- 박민순　객사, 성묘, 공고, 양무당을 중수하였다(重建客舍, 聖廟, 工庫, 養武堂).
- 이병원　장판고를 중건했고, 상량문 작성에 도움을 준 바가 있다. 마을의 선비들을 모아, 겨울과 봄에는 재실에 거하고, 여름과 가을에 제작하니, 시종 하나의 원칙 하에 움직였다(重建藏板庫, 有侑梁文. 擇集邑士, 冬春居齋, 夏秋製作, 終始一揆)
- 오　현　무기고를 중건하고 생활용품을 보수하였다(重建武庫, 修補什物).

- 신응모   암행어사가 포상을 올리니 말을 하사하는 은전이 있었으며, 양지[33]에 옮겨 제수되었다(入繡衣褒啓, 有賜馬之典, 移拜陽智).

- 류도종   오성위(五聖位)의 신독(神櫝)과 상탁(床卓) 및 지의(地衣)를 고쳐 수리하고 경사(經史)를 다시 인간하며 학전(學田)을 더 마련하고 기치(旗幟)를 새로 갖추며 총과 창을 개조하였다 (改修五聖位神櫝, 床卓及地衣, 重印經史 加置學田, 新備旗幟, 改造銃槍).

- 장윤식   창고와 집을 수리하고, 유배 온 죄인들에게 양식을 제공하였으며, 속오군(束伍軍)에 마대(馬隊)를 편성하였다. 각 군의 기계, 신구 쇄마(刷馬, 지방에 배치해 둔 관청용의 말) 삯, 각 청의 재산을 감정하였으며, 향청의 논과 향교의 서책을 기부 받아 보탰고, 어민들의 진상품을 보완하였다(修葺倉庫戶布, 定配罪人粮饌, 束伍烽軍馬隊, 勘情各軍器械新舊刷價各廳廳財, 捐補鄕廳畓庫鄕校書冊, 海民進上添助).

- 이헌기   해월루를 중건하고 봉화대를 중수하고 봉화대의 생활용품을 새로 갖추고 내연산 민보를 쌓고 전패(조선 시대, 왕의 초상을 대신하여 '殿' 자를 새겨 지방 관청의 객사에 세운 목패)를 개조하였다. 임기가 차서 증산 고을에 옮겨 제수되었다(重建海月樓, 重修烽台, 新備烽台什物, 築內延山民洑, 改造殿牌, 苽滿移拜甑山鄕).

- 이순겸   객사와 교궁을 중수하였다. 향음주례(鄕飮酒礼)를 행하기 시작하였다. 곡(斛)을 교정하고 바닷가의 폐단을 바로잡았다(重修客舍校宮, 始行鄕飮酒礼, 較正斛, 釐革海弊).

---

33 양지(陽智)는 양지현(陽智縣)으로 지금의 용인시 처인구 양지면이다.

I. 청하, 읍성이 있었네

Ⅱ. 청하, 진경산수의 발현지 되다

1. 진경산수의 고향, 청하

청하는 '진경산수眞景山水'라는 우리 고유의 그림 양식이 완성된 곳이다. 진경산수화란 조선시대에 중국의 화풍에서 벗어나 우리 산천의 멋과 아름다움을 직접 사생하여, 현실을 통한 주자학적 자연관과 풍류를 표현한 한국적 산수화풍이다.

겸재는 청하현감 재임 시절인 1733년 우리 지역의 경승지인 내연산에 올라 〈내연삼용추도內延三龍湫圖〉를 그렸다. 굵고 힘찬 적묵법과 강한 흑백의 대비, 과장과 생략, 그 중에서도 겸재 특유의 도끼로 찍은 듯한 강렬한 준법이 〈내연삼용추도〉에서 처음으로 나타난다. 이런 의미에서 청하는 우리나라 회화사의 자랑거리인 겸재의 진경산수화풍이 만개한 곳이라고 할 수 있다.

이듬해인 1734년 겨울, 겸재는 청하에서 그의 생애 최고의 역작인 〈금강전도金剛全圖〉를 그린다. 〈내연삼용추도〉에서 처음 나타난 진경산수화풍의 장점들이 〈금강전도〉에서 한껏 펼쳐진다. 청하에서 그린 〈금강전도〉는 이제까지 그의 금강산 그림과는 아주 달랐다. 36세 때의 〈신묘년풍악도첩〉은 반半 지도식 성격으로 필력이 어리고, 50대에 그린 고려대 박물관 소장 〈금강전도〉는 필치는 원숙하지만 구도에서는 박진감이 덜하다. 그런데 청하의 〈금강전도〉에서는 금강산의 이미지를 극대화하기 위해 변형과 과장, 필법의 강약, 광선의 대비와 부감법俯瞰法(bird's-eye-view)을 맘껏 구사하여 보는 이의 눈과 가슴을 압도하는 드

金剛全圖
謙齋

萬二千峯皆骨山何人用
意寫其眞顏衆香浮
勤扶桑外積氣雄蟠
窟世界間蓉衆朶
芙蓉衆朶白半林松
栢億蔓閭蹊今脚
端須令遍卽枕邊看不惜

甲寅
宗本

라마틱한 장면을 연출한다. 이전의 금강산 그림들이 대상의 충실한 묘사에 있었다면 청하에서 그린 〈금강전도〉에 이르러서는 사실寫實에서 사의寫意로 대전환을 이룬다.[34]

청하 현감시절 겸재의 작품 활동은 매우 왕성했다. 일세의 명작을 청하에서 남긴 겸재는, 현감의 임기를 채우지 못하고 불과 2년 만에 노모 밀양박씨의 임종으로 벼슬을 버리고 이곳을 떠나게 되었다. 필력이 한창 무르익은 겸재였지만, 3년 상을 치르는 동안 그림을 자제한 듯 이 시기의 작품은 보이지 않는다.

〈금강전도〉 1734년, 종이에 담채, 130.7×94.1cm, 국보 217호, 삼성미술관 리움 소장
이 기념비적 대작은 진경산수화풍의 완성을 의미한다. 겸재가 이 작품을 그린곳이 금강산이 아니라 청하 고을이었고, 금강산에 다녀온 지 20년이 지난 시점이었다는 사실은 그가 가슴속에 담아온 금강산을 화면상에 이렇게 맘껏 재구성할 수 있었음을 말해준다. (유홍준, 『화인열전 1』, 역사비평사, 2001, 259쪽)

34 유홍준, 『화인열전 1』, 역사비평사, 2001, 259쪽.

2. 청하현감 정선

정선의 생애

정선은 본관 광주光州, 자는 원백元伯, 호는 겸재謙齋·난곡蘭谷으로 숙종 2년(1676) 음력 1월 3일(양력 2월 16일) 아버지 시익時翊(1638~1689)과 어머니 밀양박씨(1644~1735)의 사이 2남 1녀 중 장남으로 서울 종로에서 태어난 것으로 추정된다.

젊은 시절, 그는 광주정씨 집안의 한낱 몰락한 양반 자손으로 살림이 넉넉지 못한 처지였다. 그에게 하나밖에 없는 아우 유楏(1682~1747)는 아버지가 세상을 떠나자 더욱 가난을 면치 못하게 되어 재당숙 집안에 양자로 입양되었고, 겸재는 어린 시절부터 노모를 봉양하게 되었다. 이런 이유로 겸재는 평소 가까이 지내던 권세가인 안동김씨 김창집金昌集에게 취직을 부탁했고, 김창집은 겸재의 뿌리가 광주정씨 양반이라는 것을 근거로 해서 음사蔭仕로 세자익위사世子翊衛司의 위수衛率 자리를 얻어 줄 수 있었다.

종6품인 위수로 벼슬길을 시작한 그는 곧 이어 한성부 주부主簿, 하양현감(46~51세), 청하현감(58~60세), 65세에 종5품 벼슬인 양천현령, 79세에 사도시司䆃寺 첨정僉正을 역임하고, 81세에 종2품의 동지중추부사同知中樞府事로 승진했다. 불타는 창작열로 〈인왕제색도〉(국보216호), 〈금강전도〉(국보217호) 등 불후의 명작을 남긴 채 영조 기묘년(1759) 3월 24

일에 세상을 떠났다. 향년 84세. 슬하에 2남 2녀가 있으며, 그 위업이 조상에게까지 미쳐 벼슬에 오르지 못했던 부친, 조부, 증조부가 벼슬을 추증 받게 되었다.

겸재정선미술관에서 정리한 겸재 정선의 생애는 다음과 같다.[35]

- 1676년(丙辰, 숙종2) - 1세
  1월 3일 북부 순화방 창의리 유란동(幽蘭洞)에서 태어나다.(현 청운동 89일대, 현재 경복고등학교 자리)
- 1689년(己巳, 숙종15) - 14세
  1월 3일 부친 정시익(鄭時翊)이 51세의 나이로 사망하다. 기사환국으로 남인이 집권하고, 김창흡은 부친 김수항이 사사(賜死)되자 영평 백운산 곡운으로 낙향하다.
- 1694년(甲戌, 숙종20) - 19세
  4월 1일 갑술환국으로 서인이 집권하다. 9월 25일 외조부 박자진(朴自振)이 70세의 나이로 사망하다.
- 1695년(己亥, 숙종21) - 20세
  4월 5일 김창집이 48세의 나이에 대사간에 오르다.
- 1702년(壬午, 숙종28) - 27세
  이 무렵 연안 송씨(延安 宋氏)와 결혼하다.
- 1704년(甲申, 숙종30) - 31세
  장남 만교(萬喬)가 태어나다.
- 1706년(丙戌, 숙종32) - 31세
  2월 3일 김창집이 59세에 우의정에 오르다.
- 1707년(丁亥, 숙종33) - 32세

---

35 겸재정선미술관 홈페이지(http://gjjs.or.kr/new) 참조.

1월 12일 김창집이 60세에 좌의정에 오르다.

- 1708년(戊子, 숙종34) - 33세

  김창협이 58세를 일기로 사망하다.

- 1710년(庚寅, 숙종36) - 35세

  차남 만수(萬遂) 태어나다.

- 1711년(辛卯, 숙종37) - 36세

  8월 김창흡, 이병연 등과 금강산을 유람하다《신묘년풍악도첩(辛卯年楓岳圖帖)》(국립중앙박물관)을 그리다.

- 1712년(壬辰, 숙종38) - 37세

  이병연에게 〈망천십이경도〉(전해오지 않음)를 그려주다. 11월 3일 김창집이 동지정사로 중국 사신을 떠나고 동생 노가재 김창업이 수행하다.

- 1713년(癸巳, 숙종39) - 38세

  김창흡이 이병연의 요청으로 정선의《해악전신첩》에 제시(題詩)를 쓰다.

- 1716년(丙申, 숙종42) - 41세

  3월 관상감의 겸교수(兼敎授)가 되다. 〈회방연도(回榜宴圖)〉(개인소장)를 그리다.

- 1718년(戊戌, 숙종44) - 43세

  윤 6월 조지서(造紙署) 별제(別提)(종6품)가 되다.

- 1720년(庚子, 숙종46) - 45세

  2월 사헌부 감찰(종6품)을 지내다.

- 1721년(辛丑, 경종1) - 46세

  1월 지금의 경상도 대구 근처인 하양현감(河陽縣監)(종6품)에 임명되다.

- 1722년(壬寅, 경종2) - 47세

  겸재의 장손 갑(柙)이 태어나다. 김창흡이 70세를 일기로 사망하다. 신임사화가 발생하다.

- 1723년(癸卯, 경종3) - 48세

  김광수에게 〈망천도〉를 그려주다.

- 1725년(乙巳, 영조1) - 50세

  하양현감으로 재직하던 이 무렵 《영남첩》, 《구학첩(丘壑帖)》 등을 그리다. 〈쌍도정도(双島亭圖)〉, 〈달성원조도(達城遠眺圖)〉 등이 이때 그려지다.

- 1726년(丙午, 영조2) - 51세

  9월 하양현감의 임기를 끝내고 서울로 돌아오다.

- 1728년(戊申, 영조4) - 53세

  3월 15일 무신난인 이인좌의 난이 일어나다. 5월 22일 큰외삼촌 박견성(朴見聖)이 사망하다. 12월 한성부 주부(종6품)가 되다.

- 1729년(己酉, 영조5) - 54세

  의금부도사(義禁府都事)(종6품)에 오르다. 〈의금부도(義禁府圖)〉(개인소장)를 그리다.

- 1730년(庚戌, 영조6) - 55세

  〈서빙고망도성도〉(리움)를 그리다.

- 1731년(辛亥, 영조7) - 56세

  이 무렵 관아재 조영석이 정선의 집 근처인 인왕곡으로 이사를 오다. 4월 23일 친구 이병연의 회갑을 기념으로 〈천년송지도〉를 그려주다. 12월에 진위사행(進尉使行)의 부사(副使)로 청에 가는 이춘제를 환송하면서 〈서교전의도(西郊餞儀圖)〉(국립중앙박물관)를 그리다.

- 1732년(壬子, 영조8) - 57세

  심사정이 정선의 문하에서 산수화를 배우다. 여름에 이병연 형제의 청으로 구거(舊居)인 〈취록헌도(翠麓軒圖)〉를 그려주다. 조유명에게 〈해화도(海畵圖)〉 8폭 병풍 등을 그려주다. 7월 〈황려호도(黃驪湖圖)〉(개인소장)를 그리다.

〈독서여가〉(부분) 비단에 채색, 24.1×16.9cm, 간송미술관 소장
겸재가 아마도 자신을 그린 것이라고 생각되는 서정적인 그림이다.(유홍준,『화인열전』,
2001, 272쪽)

- 1733년(癸丑, 영조9) - 58세

  6월 현재 포항시 지역인 청하현감(淸河縣監)으로 발령받다. 이 무렵
  〈청하성읍도(淸河城邑圖)〉(겸재정선기념관 소장)를 그리다. 12월에《교
  남명승첩(嶠南名勝帖)》을 그리다.

- 1734년(甲寅, 영조10) - 59세

  가을에 내연산 폭포에 다녀오면서, 내연산 용추계곡 3단폭 맨 위에
  '鄭敾 甲寅秋(정선 갑인(1734) 가을)'이라고 새기다. 〈내연삼용추도(內
  延三龍湫圖)〉(국립중앙박물관 및 리움)를 그리다.

- 1735년(乙卯, 영조11) - 60세

  5월 16일 모친인 밀양 박씨가 92세를 일기로 사망하다. 이에 청하현
  감직을 사임하고 서울로 올라오다. 둘째 손자 정황(鄭榥)이 태어나다.

- 1737년(丁巳, 영조13) - 62세

  5월 15일 모친 탈상 후에 청풍, 단양, 영춘, 영월 등 4군의 명승지로 여행을 하고 《사군첩(四郡帖)》(전해오지 않음)을 그려 이병연에게 주다.

- 1738년(戊午, 영조14) - 63세

  5월, 김시매에게 〈만폭동〉을 그려주다. 11월에 차남 만수와 조영석의 집을 방문하고, 방문 뒤편에 〈절강추도도(浙江秋濤圖)〉를 그리다. 가을, 최영숙에게 《관동명승첩(關東名勝帖)》(간송미술관) 11폭을 그려주다. 〈정자연도(亭子淵圖)〉(간송미술관)를 그리다.

- 1739년(己未, 영조15) - 64세

  4월에 조연명, 이병연 등 이춘제의 옥류동에서 모인 시회를 기념하여 〈옥동척강도(玉洞陟崗圖)〉(개인소장)를 그리다. 5월 부사과(副司果)(종6품)에 제수되다. 봄, 〈청풍계도(淸風溪圖)〉(간송미술관)와 〈육상묘도(毓祥廟圖)〉(개인소장)를 그리다.

- 1740년(庚申, 영조16) - 65세

  이춘제의 서원에서 이병연, 조연명 등과의 아회(雅會)를 기념하여 〈삼승정도三勝亭圖〉와 〈한양전경도〉(개인소장)를 제작하다. 12월 양천현령(陽川縣令)(종5품)으로 부임해서 1745년 정월까지 재직하다.

- 1741년(辛酉, 영조17) - 66세

  봄, 이병연과의 시화를 교류하면서 그렸던 《경교명승첩(京郊名勝帖)》(1740~1741년 사이 대부분 그려짐, 간송미술관)을 완성하다.

- 1742년(壬戌, 영조18) - 67세

  10월, 경기감사(京畿監司) 홍경보, 연천현감(漣川縣監) 신유한 등과 선유(船遊)한 기념으로 《연강임술첩(漣江壬戌帖)》을 그리다. 《양천팔경첩》을 그리다.

- 1744년(甲子, 영조20) - 69세

  여항문인 마성린이 정선 문하에서 그림을 배우기 시작하다.

- 1745년(乙丑, 영조21) - 70세

  1월 양천현령직을 그만 두고 인왕곡으로 귀가하다. 이 무렵,《장동팔경첩》(국립중앙박물관)을 그리다.

- 1747년(丁卯, 영조23) - 72세

  1월 1일 아우 검약재(儉約齋) 정유(鄭楺)가 66세를 일기로 사망하다. 봄에 금강산을 유람하고《해악전신첩(海岳傳神帖)》(간송미술관) 21폭을 제작하다.

- 1748년(戊辰, 영조24) - 73세

  7월에 위수(衛率)(종6품)에 오르다.

- 1749년(己巳, 영조25) - 74세

  《사공도시화첩(司空圖詩畵帖)》(국립중앙박물관)을 제작하다.

- 1751년(辛未, 영조27) - 76세

  윤 5월 29일 벗 이병연이 81세를 일기로 사망하다. 윤 5월 〈인왕제색도(仁王山霽色圖)〉(리움)를 그리다.《경교명승첩》하권(下卷)을 보충해서 제작하다.

- 1752년(壬申, 영조28) - 77세

  〈호남장거도(湖南莊居圖)〉를 그리고 남유용에게 제를 청하다. 11월에 장흥고(長興庫) 주부(종6품)에 오르다. 〈우중기려도(雨中騎驢圖)〉(평양박물관)를 그리다

- 1753년(癸酉, 영조29) - 78세

  9월에 헌릉령(獻陵令)(종4품)에 오르다.

- 1754년(甲戌, 영조30) - 79세

  2월 사옹원 가도사(可導寺) 첨정(僉正)(종4품)에 오르다. 4월 사도시 첨정(僉正)(종4품)에 오르다. 겨울 박윤원이 정선의 문하에서 주역을 배우다. 마성린이 정선 문하에서 수응(酬應)이 너무 심해 절필해버리다.

- 1755년(乙亥, 영조31) - 80세

박대원에게 화첩을 그려주다. 왕실의 수경(壽慶)을 맞아 다시 종3품 첨지중추부사(僉知中樞府使)에 오르다. 8월 〈사문탈사도〉(간송미술관)를 그리다.

- 1756년(丙子, 영조 32) - 81세
  왕대비 칠순으로 다시 승직되어 종2품 가선대부(嘉善大夫) 동지중추부사(同知中樞府事)에 제수되다.

- 1757년(丁丑, 영조33) - 82세
  신민복에게 선면 〈도원도〉를 그려주다. 〈청송당도〉(국립중앙박물관)를 그리다.

- 1759년(己卯, 영조 35) - 84세
  3월 24일 84세를 일기로 사망하다. 양주 해등촌면 계성리(현 도봉구 쌍문동) 안장. 조영석이 애사(哀辭)를 쓰다.

청하현감 정선

겸재의 나이 58세 되는 1733년 여름, 겸재는 청하 현감에 제수되었다.[36] 47세에 하양현감에 부임하여 51세까지(1726, 영조 2) 만 5년간 영남의 고을 사또를 맡은 이후 7년 만의 일이다.

인왕산 아래에 세거하던 율곡栗谷의 학통을 이은 서인 노론 세력의 백악사단白岳詞壇 중에 좌의정 조문명趙文命(1680~1732)·경상감사 조현명趙顯命(1690~1752) 형제, 영조의 사돈이고 추사 김정희金正喜(1786~1856)의 고조부인 우의정 김흥경金興慶(1677~1750)의 후원으로 죽서루가 있는

---

36 청하현감으로 제수되기는 영조9년(1733) 6월 9일이었으나 8월 15일에야 영조에게 하직인사를 하고 청하로 내려왔다. 영조9년(1733) 8월 15일자 승정원일기에 "청하현감 정선이 하직인사를 했다(下直, 淸河縣監鄭敾)"고 했다.

삼척에는 사천槎川 이병연李秉淵(1671~1751)을, 내연산이 있는 청하에는 겸재 정선을 보내어 진경眞景을 시와 그림으로 짓고 그리도록 영조는 배려하였던 것이다.

겸재가 청하현감으로 부임할 때 당시 삼척부사로 있던 이병연의 동생인 순암順庵 이병성李秉成(1675~1735)이 금강산과 가까운 간성군수로 있으면서 겸재를 위해 전별시를 써 주었다.

청하로 부임하는 원백[37]에게 드리며 贈元伯之任淸河

不忿元章老且顚	미원장 늙어 미쳤다 성내지 말게,
縑煤隨處載行船	가는 곳마다 비단과 먹 싣고 배를 띄웠네.
謙翁此去無長物	겸옹의 이 걸음도 좋은 물건 없고,
羲易惟殘舊講篇	주역도 오직 옛날에 강하다 남은 헌책뿐이라.
嶺人應知使君名	영남 사람 당연히 사또 이름 알 것이니,
桃李花開舞鶴迎	복사꽃 오얏꽃이 산에 피고 학이 춤추며 맞으리.
踏盡棠沙遙喚艇	해당화 피는 백사장 밟고서 배를 부르시오
竹西樓上有吾兄	죽서루 위에는 우리 형님[38] 계시다오.

모두 동해안 고을의 수령이었는데, 청하 역시 동해안에 가까이 붙어 있었으니 그것이 신기롭고 반가웠던 것이다. 이 시에 "학이 춤춘다."는 말은 청하현의 진산인 호학산呼鶴山을, "복사꽃, 오얏꽃 피어난다."는 것은 청하의 봉수대가 있는 도리산桃李山을 상징한다.

내연산 연산폭포 남벽의 피우석避雨石[39]에 "鄭歚 甲寅秋(정선 갑인추)"

---

37 정선의 자(字).

38 삼척부사로 가 있는 이병연(李秉淵)을 이름.

39 피우석(避雨石)은 연산폭포 왼쪽의 움푹 들어간 바위면을 가리키는 말로 비가 내릴 때 피할 수 있을 만한 곳인데, 조선 인조 때 청하에서 귀양살이를 했던 부제학 류숙

라는 글귀가 새겨져 있다. 정선은 바로 조선시대 진경산수화의 거장 겸재謙齋 선생이다. 갑인년이라면 1734년인데, 그가 이 해 가을에 이 폭포를 탐승한 기념으로 새겨 둔 것이다.

겸재는 영조 9년(1733) 이른 봄, 공의 나이 58세 때 청하현감으로 부임하였다가 1735년 5월, 그의 어머니가 세상을 떠남으로써 상경하게 되기까지 약 2년 남짓 재임했다.

청하에서 겸재는 화업에 열중했다. 외직으로 나오게 되면 그리운 사람들과 떨어져 사는 외로움도 있지만 그 적적한 생활 속에서 자기 자신을 더욱 돌아보며 생각을 심화시킬 수 있다는 큰 이점이 있었다. 서울에서 휩쓸려 살며 주위의 주문마다 응하며 그림을 그리던 겸재는 이제 다름 아닌 자기 자신의 예술을 위한 그림을 그릴 수 있는 절호의 계기를 잡은 것이다.

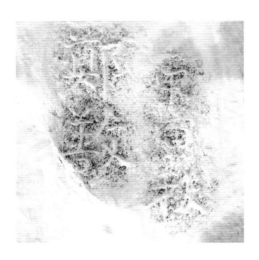

내연산 연산폭포 암벽에 새겨진 "鄭歚 甲寅秋(정선 갑인추)"라는 글씨는, 갑인년(1734년) 가을에 정선이 내연산을 다녀간 사실을 말해준다. 글씨 크기가 작고 얕게 새겨 육안으로 쉽게 판독되지 않으나 먹물을 바르고 화선지를 붙여보면 이름을 선명히 확인할 수 있다.

(柳潚, 1564-1636)이 명명한 곳이라 한다.

59세, 환갑을 앞둔 노년의 겸재는 아직도 중년의 열정이 살아 있었고, 한편으로는 원숙한 필력을 갖추고 있었기 때문에 한껏 자기 예술을 펼쳐 볼 모든 준비가 되어 있었다. 그리하여 겸재는 바로 이 청하현감 시절에 〈내연삼용추도〉, 〈금강전도〉 같은 명작을 그리며 사실상 겸재의 진경산수화풍을 완성하였다. 더욱이 이 그림들은 조선시대 회화로서는 보기 드문 대작이니 가히 본격적인 작품이라 할 것이다. 그런 의미에서 청하는 겸재의 화력에서 기념비적 이정표가 되는 곳이다.[40]

청하현감으로 재임 중에 삼척부사로 있던 사천槎川 이병연李秉淵 (1671~1751)도 만날 겸 무릉계武陵溪도 구경할 겸 해서 삼척을 갔다.

이병연은 겸재와 평생토록 교류하며 겸재 정선의 삶과 예술세계에 가장 큰 영향을 끼친 인물이다. 이병연은 겸재와 함께 백악산 아래 스승인 삼연 김창흡金昌翕 문하에서 동문수학한 사이로 5살 많았지만, 평생 교류하며 가족처럼 가까이 지냈다. 사천은 김화현감, 배천군수, 삼척부사로 관직에 있었으며, 평생 1만3천 수의 시를 지었다. 이병연은 시로써 당시 조선과 중국에 명성을 떨쳤다. 조선의 명사인 사천 이병연과의 교류는 겸재 정선의 일생과 예술세계에 커다란 영향을 끼친다.[41]

1712년(37세) 《해악전신첩海嶽傳神帖》에 포함된 대부분의 작품에 사천은 제화시題畵詩를 달아서 자신의 생각을 담았다. 사천 이병연은 겸재 작품의 대표적인 수장가이며, 조선의 명사들에게 겸재의 작품을 소개하는 데 결정적 역할을 담당한다.[42]

겸재 정선이 청하현감으로 있을 때 사천 이병연은 삼척부사로 있었

---

40 유홍준, 앞의 책, 255쪽.
41 유홍준, 앞의 책, 202-204쪽 참조.
42 손형우, 『겸재 정선 연구』, 대유학당, 2018. 24쪽.

는데, 1734년 북상하는 봄꽃을 따라 친구 이병연이 있는 삼척으로 유람을 떠났다. 겸재는 이때 친구와 함께 무릉계곡을 탐승하고, 용추폭포 왼쪽 암벽에 이병연과 나란히 자신의 이름을 새겼다.

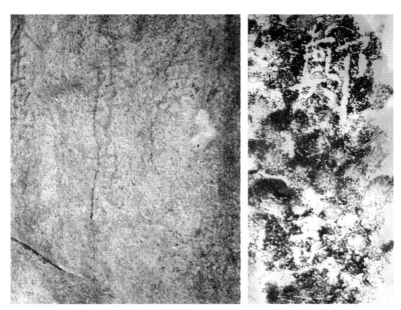

무릉계곡의 '鄭敾(정선)·李秉淵(이병연)'각자(사진ⓒ박창원)　무릉계곡의 '鄭敾(정선)' 탁본

　무릉계곡 용추폭포에 새긴 '鄭敾'은 내연산 연산폭포의 '鄭敾'처럼 크기도 작고 얕게 새겨 육안으로 쉽게 판독되지 않으나 탁본을 해보면 글자가 더 선명해져 이름을 확인할 수가 있다. 내연산에 새긴 이름과 차이라면, '甲寅秋(갑인추, 갑인년 가을)'라고 밝힌 것과 달리 무릉계곡에는 그 시기는 새겨두지 않았다. 하지만 인근 죽서루 근처에는 또 다른 각자가 발견되는데, 여기에는 정선의 이름은 없지만 함께 여행한 이병연, 홍우기 등의 이름이 새겨져 있고 '三月末甲寅(3월말갑인)' 이라고 시

기 또한 새겨져 있다. 마침 정선의 작품 중에는 죽서루竹西樓의 모습을 담은 그림이 전하는데, 죽서루와 무릉계곡 일대에 새겨진 암각문을 연구한 실직문화연구위원인 김수문은 겸재의 〈죽서루〉가 이 시기에 그려졌으리라 판단한다.[43]

〈죽서루〉종이에 담채, 32.3×57.8cm, 간송미술관 소장

　〈죽서루〉는 겸재의 《관동명승첩關東名勝帖》에 실려있는데, 화첩은 〈죽서루〉 외에도 〈월송정月松亭〉, 〈망양정望洋亭〉 등 11점의 작품으로 구성되어 있다. 이들 작품으로 보아 겸재는 삼척으로 가는 도중에 울진 지역의 동해안 명승지를 두루 탐승했던 것으로 보인다.
　울진 평해읍 월송리에는 관동팔경의 하나로 빼어난 경관을 자랑하는 월송정이 있는데, 이곳을 다녀간 겸재는 당시 월송정의 모습을 작품으로 남겼다.

43　김수문, 『삼척도호부 암각문 연구』, 퍼플, 2020, 119쪽.

〈월송정〉 종이에 담채, 32.3x57.8cm, 간송미술관 소장

울진군 근남면 산포리 망양望洋해수욕장 근처 언덕에 망양정이라는 정자가 있다. 조선조 숙종이 관동팔경의 그림을 보고 이곳이 가장 낫다고 하여 친히 '관동제일루關東第一樓'라는 글씨를 써보내 정자에 걸도록 할 정도로 이름난 정자다. 겸재는 여행길에서 망양정을 놓칠 리가 없었다.

〈망양정〉 종이에 담채, 32.3x57.8cm, 간송미술관 소장

《관동명승첩》에는 없지만 1734년 울진 지역을 유람한 겸재는 인근에 있는 성류굴聖留窟을 작품으로 남겼다. 굴 속을 탐승하지는 않았다 해도 왕피천 주변의 아름다운 경관에 매료되었을 것이다. 이들 작품은 겸재가 삼척으로 여행한 시기에 적어도 만들어지기 시작했으리라 짐작이 가능하다.

〈성류굴〉 종이에 담채, 28.5x27.2cm, 간송미술관 소장

3. 청하읍성에서 그린 정선의 청하 그림

　겸재는 청하현감 재임 중인 1733년 《교남명승첩嶠南名勝帖》 상·하권 (간송미술관 소장)을 내었다. 여기에는 〈내연삼용추도〉를 비롯하여 청하 지역은 물론 문경, 인동, 칠곡, 예안, 순흥, 안동, 비안, 청도, 대구, 밀양, 동래, 부산, 언양, 경주, 영천, 삼척, 영해, 영덕, 상주, 선산, 남해, 고성, 통영, 성주, 고령, 합천, 안음, 단성, 진주, 하동, 의령, 지리산 등 58개 지역의 명승고적을 담은 주옥같은 작품들이 수록돼 있다. 홍류동, 해인사, 청량산, 도산서원 등의 그림이 포함된 《영남첩嶺南帖》도 청하현감 시절에 펴낸 작품집으로 추정되고 있다.

　84세까지 장수하면서 누구보다 많은 작품을 그린 겸재인데, 과연 2년 동안 거주하면서 작품활동을 했던 청하에는 겸재의 그림이 남아 있었을까 하는 의문을 가질 만하다. 청하중학교에서 평생 동안 교직에 몸담았던 박창원이 지역의 덕성리의 어느 유지로부터 들은 이야기에 의하면 어느 집에 옛 그림을 엮은 책이 하나 있었는데, 그 책이 1980년대에 대구의 누군가에게 넘어갔다고 한다. 그 당시 이 고장에서 겸재는 물론 화첩이 무엇인지도 잘 모를 때라 누구 그림인지 알 수 없었고, 화첩을 소장했던 분도 지금은 작고했기 때문에 확인할 길이 없다는 것이었다. 조선시대의 그림이 드문 이 지역에 단일 족자도 아닌 화첩이라면 겸재의 화첩일 가능성이 높아 보인다.

　겸재는 현감으로 재직하는 동안 〈청하성읍도淸河城邑圖〉, 〈내연삼용

〈청하성읍도〉 종이에 수묵담채, 32.7×25.9cm, 겸재정선미술관 소장

추內延三龍楸〉,〈내연산폭포內延山瀑布〉,〈고사의송관란도高士倚松觀瀾圖〉 등 청하의 명승을 소재로 5점 정도의 그림을 그린 것으로 알려져 있다.

[청하성읍도]

청하현 관아가 위치한 청하읍성과 그 주변의 모습을 그린 것이다. 역사적 자료로 남기려는 의도가 담긴 듯 성안의 건축물들을 세밀하게 묘사한, 오늘날의 조감도와 비슷한 그림으로 당시 청하읍성의 모습을 살필 수 있는 귀중한 자료다.

〈청하성읍도〉는 겸재 정선이 58세(1733년 8월 15일)때부터 60세(1735년 5월 16일)까지 2년간 청하현감을 지낼 때, 청하현의 동쪽 봉송정(월포리 가는 쪽에 위치)에서 바라본 경관을 그린 그림이다. 청하성을 화면의 중심에 두고, 근경에는 들판과 솔밭을 그려 넣었으며, 원경에 호학산呼鶴山, 덕성산 같은 서쪽의 준봉들을 병풍처럼 펼쳐놓아 청하성읍을 한눈에 볼 수 있도록 했다.

이 작품을 소장하고 있는 겸재정선미술관 김용권 관장은 〈청하성읍도〉를 이렇게 평한 바 있다.[44]

"보인다. 어렴풋이, 아니 아주 선명하고 분명하게 보인다. 우리는 겸재 정선의 〈청하성읍도〉를 통해 260년 전 청하성읍(지금은 포항시에 속함)의 온전한 모습을 볼 수 있다. 현재는 성터만 남아 있지만, 〈청하성읍도〉에는 당시의 청하성읍이 어떠한 흐트러짐도 없이 우리 후손들을 위해 굳건히 제자리를 지키고 있다. 정말 귀하고 자랑스러우며 마주하는 것만으로도 가슴이 벅차오르는 그림이다. 한지와 먹의 힘 그리고 겸재 정선의 붓질에 의한 리얼리티의 경관, 〈청하성읍도〉는 우리 선

---

44 김용권,〈겸재 정선의 청하성읍도〉, 월간 『전시가이드』 2019년 6월호.

조들의 숱한 사연을 간직하고 있다. 〈청하성읍도〉를 통해 청하의 자연, 토양, 기후, 건축, 이웃 등을 떠올릴 수 있다. 나아가 〈청하성읍도〉를 통해 인간들의 역사는 무엇이고 나는 누구이며 한국은 어떤 곳인가 등에 대해서도 생각을 해 볼 수 있다. 이렇게 〈청하성읍도〉는 단지 무채색의 먹색 그림에 불과하지만 온갖 색깔, 풍부한 자연과 활력을 시각적으로 느낄 수 있다."

이 그림에는 읍성 내 나무들도 여러 그루 그려 넣었는데, 현재 청하면행정복지센터 마당에는 수령이 300년 이상 된 회화나무 한 그루가 있어 〈청하성읍도〉 속의 나무로 추정되고 있다.

청하면행정복지센터 마당에는 수령 300년 이상 된 회화나무 한 그루가 있어 〈청하성읍도〉 속의 나무로 추정되고 있다.(2021년 4월 24일 촬영)

〈청하성읍도〉에는 제목 오른쪽 위에 천금물전千金勿傳이라 새긴 백문방인白文方印이 찍혀 있다. 천금(돈)을 물려주지 말라는 뜻이다. 천금물전은 중국 동진東晉의 왕희지王羲之 (344~386)가 옛 스승 위부인衛夫人 (272~349)의 「필진도筆陣圖」를 읽고 난 뒤 자신의 필법에 대해 적어 자손에게 남긴 「제위부인필진도후題衛夫人筆陣圖後」의 끝 구절에서 처음 쓰인 구절로 이후 우리나라로 건너와 후손에게 주는 교훈으로 널리 쓰이게 되었다. 겸재가 청하현감 시절에 그린 〈청하성읍도〉에 왜 이 문구를 넣었는지는 분명하지 않지만, 재산보다는 학문을, 물질보다는 문화를 사랑하는 그의 신념이 담겨 있는 것 같다.

[내연삼용추 I]

'내연삼용추'라는 제목이 붙은 겸재의 그림은 2점이다. 하나는 삼성미술관 리움에 소장돼 있는 작품이며, 다른 하나는 국립중앙박물관에 소장돼 있는 작품이다. 이 글에서는 편의상 이를 내연삼용추 I 과 내연삼용추II로 구분하고자 한다. 내연삼용추 I 은 규격이 말

〈내연삼용추〉I, 종이에 수묵, 134.7×56.2cm, 삼성미술관 리움 소장

해 주듯 대작이다. 그림 윗부분의 암자는 계조암繼祖菴으로 지금은 터만
남아 있다. 맨 윗부분의 폭포가 연산폭이며, 사다리가 위치한 바로 그 곳
에 지금은 구름다리가 설치되어 있다. 아래 두 가닥 물줄기가 관음폭이
며, 맨 아래 폭포가 잠룡폭을 나타낸 것이다. 그림의 상단 여백에는 관아
재觀我齋 조영석趙榮石(1686~1761)의 5언절구 제화시題畵詩가 적혀 있다.

今從元伯筆	지금 원백(元百 : 정선의 자)의 그림으로 하여
始識內延山	비로소 내연산을 알게 되었네
不妨彼三客	저 세 나그네 괜찮다면
一讓老我看	늙은 나도 한번 보게 해주게나.
爲 李居庸題 宗甫	이거용을 위하여 짓다. 종보(宗甫 : 조영석의 자)

조영석의 본관은 함안咸安, 자는 종보宗甫, 호는 관아재觀我齋 또는 석
계산인石溪山人으로 1713년 진사시에 합격하고, 천거로 등용되어 돈녕
부 도정敦寧府都正을 지냈다. 이조참판에 추증되었다.

홍의영洪儀泳의 『관아재화첩』 발문에 의하면 "본래 인물에 뛰어났으
며, 겸하여 산수도 잘하였다. 금강산을 다녀온 뒤 화경畵境이 더욱 진보
되어 명작을 많이 냈다. 고화古畵에 대한 논평을 좋아하였으나 간혹 지
나친 점이 있어 비난하는 사람이 많았다"고 하며, "백악산白岳山 아래에
살면서 정선鄭歚, 시인 이병연李秉淵과 이웃이 되어 교유하면서 시화詩
畵를 논하였다"고 한다. 그는 화가 정선과 이웃하며 살았으며 그에 대
한 기록을 다수 남겼다. 정선이 세상을 떠난 후 그가 정선을 위하여 쓴
「겸재정동추애사謙齋鄭同樞哀辭」는 정선의 생애와 회화 수련을 이해하는
데 중요한 자료를 담고 있다.[45]

---

45 한국민족문화대백과사전(https://100.daum.net/encyclopedia) 참조.

[내연삼용추 II]

〈내연삼용추〉II는 〈내연삼용추〉I과 제목이 같은데, 계절을 달리하여 그린 듯하며, 겸재 특유의 도끼로 길게 찍은 듯한 장부벽준長斧劈皴의 강렬함이 나타나 있다.

〈내연삼용추〉II, 비단에 수묵담채, 44.5×35cm, 국립중앙박물관 소장

〈내연삼용추〉에서부터 겸재는 묵직한 적묵법積墨法과 격렬한 흑백 대비, 대담한 형태 변화, 과장과 생략 등을 구사하게 되었다고 하는데, 이런 겸재의 개성은 같은 해에 그린 〈금강전도〉에서 한껏 펼쳐지게 된다.[46]

[내연산폭포]

〈내연산폭포〉 종이에 담채, 38.3×25.8cm, 간송미술관 소장

---

46 유홍준, 같은 책, 255쪽.

〈내연삼용추도〉 두 작품 외에도 내연산을 그린 겸재의 작품이 또 전한다. '淸河 內延山瀑布(청하, 내연산폭포)'라고 분명히 적혀있는 이 작품은, 그림 분위기 또한 앞선 두개의 작품과 사뭇 다르다. 그림에는 겸재라는 이름이나 낙관 등이 없지만 전문가들은 이 작품 또한 겸재의 작품으로 분류한다.

주변 산세의 잡다함을 제거하고 폭포를 중심 대상물로 부각시킨 그림이다. 좌측 바위(선열대) 위의 암자는 백운암白雲庵과 운주암雲住庵으로 흔히 선열암禪悅庵이라고 합칭하였다. 현재 그곳에는 기와 파편들만 흩어져 있다.

[정선필관폭도]

'소나무를 어루만지며 폭포를 바라보는 그림'이란 뜻의 〈무송관폭도撫松觀瀑圖〉라고도 하고, '선비가 소나무에 기댄 채 폭포수를 바라보는 그림'이란 뜻의 〈고사의송관란도高士倚松觀瀾圖〉라고도 알려진 그림이다.

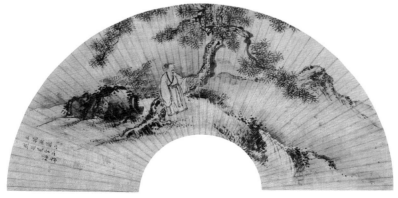

〈정선필관폭도〉 종이에 수묵, 20.6×75.8cm, 국립중앙박물관 소장

소장처인 국립중앙박물관의 공식 명칭은 '정선이 그린, 폭포를 바라보는 그림'이란 뜻의 〈정선필관폭도鄭敾筆觀瀑圖〉이다.

한 선비가 소나무를 어루만지며 시원스럽게 흘러가는 폭포를 바라보고 있는 이 그림은 부채라는 형식과 잘 어울린다. 이 그림은 『개자원화전芥子園畵傳』에 수록된 그림을 따른 화본풍이지만, 실제의 경치를 반영시키려는 화가의 의도가 담겨져 있다. 화면 왼쪽에 적혀 있는 "삼용추 폭포 아래에서 유유히 남산을 바라본다三龍湫瀑下 悠然見南山"라는 화제에서 확인할 수 있는데, 삼용추는 바로 내연산 연산폭, 관음폭, 잠룡폭 일대를 이르는 이름이다.

이 그림은 삼용추의 실제적 특징을 살리지는 못했으나 실경을 염두에 두고 그린 것으로 해석할 수 있다. 화제 뒷부분 유연견남산悠然見南山은 도연명陶淵明의 음주시飮酒詩의 한 구절로 조선시대에 즐겨 사용한 그림의 소재이다. 이 그림에서는 폭포 너머로 산을 그려 놓아 시 구절을 형상화하였다. 이처럼 이 부채그림에는 실경과 관념의 세계가 적절히 어우러져 있다.

겸재의 그림에 그려진 나무로 추정되는 내연산 비하대 위에 있는 소나무.

이 그림이 실경을 담았다는 전제하에 이삼우李森友는 그림 속의 선비가 왼쪽 손에 짚고 있는 소나무를 현재 내연산 비하대飛下臺 위에 있는 노송으로 비정한 바 있다.[47]

---

47 이삼우, 〈겸재 정선의 이 고장에서의 발자취〉, 『관송(觀松)』 4호, 청하중학교, 31쪽.

III. 청하읍성, 시인 묵객들이 사랑하다

* 본장에 수록된 시문들은 포항지역학연구총서6 『포항 한시-포항을 노래한 한시 휘편』
  (권용호 편역, 2021, 나루)의 청하편에서 다수 인용하였다.

1. 해월루(海月樓) 관련 시문

海以取其寬, 月以取其明,
寬以弘吾量, 明以昭吾德
바다에서 그 너그러움을 취하고, 달에서 그 밝음을 취하며,
너그러움으로 나의 도량을 넓히고, 밝음으로 나의 덕을 밝힌다.

— 이언적(李彦迪) 해월루기(海月樓記) 중에서

겸재 정선이 그린 청하성읍도淸河城邑圖에 보이는 읍성의 동남쪽에 위치한 2층 누각이 해월루로 추정되는 건물이다. 그러나 본래부터 이 이름으로, 이 위치에 존재했던 것은 아니다. 죽월루竹月樓, 매죽루梅竹樓, 임명각臨溟閣을 거쳐 해월루라는 이름으로 정해졌고, 장소도 여러 번 옮겼다. 다음 글은 해월루의 이러한 사연을 잘 설명해 준다.[48]

『신증동국여지승람新增東國輿地勝覽』 청하현 〈누정樓亭〉 조에 매죽루梅竹樓가 기록되어 있다. 매죽루는 1481년 이후 1520년경까지의 어느 시기에 창건된 것으로 추정된다.

---

48 김희준의 〈조선시대 청하현 해월루(海月樓)의 연혁〉(『관송(觀松)』 10, 청하중학교, 2013), 63-68쪽에 실린 내용을 일부 수정하였다.

매죽루의 위치는 청하현 성읍城邑의 동헌, 객사의 동쪽에 있었는데 건물이 낮아서 주변의 풍경이 읍성에 가려 제대로 보이지 않아서 그 기능을 제대로 할 수가 없었다. 매죽루에 볼만한 것은 그 주변의 반무 半畝의 네모 연못과 몇 그루의 매화나무와 대나무뿐이었다.

청하현감 김자연金自淵이 1528년 겨울에 기존의 매죽루를 헐고 신축 공사를 시작하였고, 영해부사 공서린孔瑞麟(1483~1541)이 임명각으로 이름을 지었고, 1530년 4월경에 준공하였다. 이때 누각의 북쪽에 연지 蓮池를 팠다. 이 연지가 청하현감 겸재謙齋 정선鄭敾(1733~1735 재임)이 그린 〈청하성읍도〉와 〈해동지도海東地圖〉(1750년대 초반)에 그려진 연정 蓮亭 남쪽의 연지와 같은 것으로 추정한다. 누각에는 임명각이라는 대 자大字 편액이 걸려 있었고, 1530년 5월 16일에 임명각 기문을 주세붕 이 지었다.

1530년 봄에 증축공사가 준공된 뒤에 곧 누각이 기울어져 청하현감 류무빈柳茂繽이 기울어진 처마를 지탱하는 보수공사를 하였다.

이후 사람이 오를 수 없는 지가 10년 정도 지난 1537년 가을에 청하 현감으로 부임한 고성固城 이씨, 이고李股가 읍성의 서북쪽으로 옮겨 임 명각을 중건하였다. 누각 아래에는 연못을 파고 연꽃을 심었으며, 그 둘레의 둑에는 대나무, 백일홍 나무, 매실 나무를 심었다. 이때 이고가 누각 이름을 해월루로 고쳐 명명하였다. 해월루 편액 글씨는 당대의 명필, 성세창成世昌(1481~1548)의 묘필妙筆을 썼고, 이언적이 1543년 3월 하순에 기문을 썼다.

이고는 조세를 미납한 이민吏民과 수군절도사 이몽린李夢麟의 도움으 로 이웃한 수영水營의 수졸戍卒 중 처벌 대상자 100명을 모집하여 흙을 돋우고 토대를 쌓으며 매죽루의 재목을 이용하여 해월루를 짓고 단청 을 입혔다.

병자호란 때 이조참판으로서 김상헌金尙憲과 함께 척화斥和를 주장하

고, 자결을 시도하였던 동계桐溪 정온鄭蘊(1569~1641)의 손자인 정기윤鄭
岐胤이 청하현감으로 부임한 이듬해에 경주慶州의 어느 촌가에서 상床으
로 쓰고 있는 이언적의 해월루 기문 현판을 찾아내었다. 고을의 노인
들에게 옛터의 위치를 묻고, 이언적 기문이 작성된 1543년에서 153년
이 지난 1696년경에 해월루를 중건하였다. 해월루의 옛터가 언덕이 되
어 있고 나무숲에 가려 있어서 조금 옮겨 자성子城의 동남쪽 구석에 3
연橡의 작은 누각을 다시 짓고, 이언적의 옛 기문현판을 달았다. 이때
중건기는 류명천이 썼다. 서문 동남쪽은 정선의 〈청하성읍도〉에 나타
나는 해월루가 있는 곳이다.

   전주全州 이씨인 이징복李徵復이 현감으로 와서 해월루의 옛터에 순월
旬月(10개월) 동안 공사하여 1723년에 옛 해월루의 3분의 1의 규모에도
못 미치는 누각을 새로 지었다. 누각은 네모기둥에 굽은 난간으로 오
른쪽은 마루이고 왼쪽은 방이었다. 누각 앞 몇 걸음 지점에 네모 연못
을 파고 연꽃을 심었다. 관아에 보관하고 있던 성세창의 글씨인 해월
루 옛 편액과 이언적이 쓴 해월루 기문 옛 현판을 누각에 다시 걸었고,
무장茂長 현감 신유한申維翰(1681~1752)이 1723년에 중건 기문을 썼다.
이때 중건된 해월루의 모습은 10여 년 뒤에 정선이 청하현감으로 재임
하며 그린 〈청하성읍도〉에 나타난다. 해월루 남쪽의 일자형 작은 건물
이 해월루의 부속 건물로 보인다. 그림에는 해월루가 정면 3칸, 측면 1
칸의 팔작지붕 누각으로 나타난다.

   이 그림에는 해월루의 서북쪽에 서문이 있고, 서쪽에 동헌이 있다.
동헌의 동쪽에 전패殿牌와 궐패闕牌를 모신 정당正堂에 좌우 익실翼室이
붙어 있는 객사客舍(객관客館)가 그려져 있다. 객사의 북쪽에 연지와 연
정이 그려져 있다. 현재 읍성의 동쪽과 북쪽에 성벽 잔해가, 서문 옹성
의 흔적이 남아 있다. 청하면행정복지센터 마당에는 정선의 〈청하성읍
도〉에 그려진 것으로 추정되는 회화나무 노거수가 있다.

이 밖에도 해월루를 청하현감 김성유金聖游가 이건하고, 청하현감 조유선趙有善이 중수하고, 청하현감 이헌기李憲基가 중건하였다.

1929년에 간행된 『영일읍지』에는 '매죽루가 동헌 곁에 있었지만 현재는 없고, 해월루는 동헌의 남쪽에 있다'고 하였다. 그러면서 이언적과 신유한의 해월루 현판의 기문을 채록하였다. 이런 사실을 미루어 보면, 『영일읍지』 간행 당시까지 청하현의 동헌과 해월루와 성세창 글씨의 해월루 편액 1편, 이언적과 신유한의 해월루 기문 현판 2점이 남아 있었다. 또한 『조선환여승람朝鮮寰輿勝覽』(1939, 李秉延)에도 해월루가 있다고 하였으며, 이언적의 기문을 채록하였다.

임명각기 [臨溟閣記]

주세붕(周世鵬, 1495~1554)《무릉잡고(武陵雜稿)》(권8)

淸河, 小縣也. 嶺之南七十州, 邑褊而民鮮, 淸爲最. 民之謀生者, 不于農而于漁, 故民益瘠而官益屢. 由是, 凡人之拜是邑也, 有弔而無賀. 宰是邑者, 亦戚戚不樂, 謂不足爲治. 率皆束手無策, 以遣歲月. 夫孰有稼穡之勸而館宇之修者哉. 余少時, 嘗過是縣, 觀其公廨蕭條, 壞欠居半, 不足以成邑, 余甚陋焉. 去年夏, 余補關東幕員之闕, 歸覲于漆原, 歷憩淸之西軒. 新構崢嶸, 丹雘耀日. 遠軒植竹, 爽豁蕭散, 洒然有物外之思. 余戲謂主人曰: "觀竹, 亦知主人之不俗矣." 自是與主人托以傾蓋之交. 主人曰: "吾自下車, 率民力穡, 堰水以爲灌, 得水田幾頃. 用財以節, 使民以時, 積五歲矣而民旣足, 官亦有裕. 古有太守之宮頹弊, 太守不堪居, 或流寓吏民之家. 弊且不貲, 乃先營其宮, 次繕官倉, 次修公廚, 次改西廂, 次廣東軒. 功役已畢, 獨於東軒之東, 古有梅竹樓, 皆傾圮. 雖不傾圮, 亦甚低壓, 不足以望海與山. 吾欲仍舊址駕高樑, 前可以臨海, 後可以挹呼鶴峯, 以海鶴爲名. 子爲我記之." 余以奔走未暇也. 今年四月, 又自漆歷淸, 遙望高閣已翔翥於層霄之上. 卸馬攀梯, 倚欄長嘯. 無涯大溟, 已落吾眼底. 信乎若遊目於天表, 似無依而洋洋者也. 又於閣北, 鑿池種蓮. 荷葉初浮, 田田如錢, 亦可愛也. 徘徊瞻眺, 仰見楣間有臨溟閣三大字爲扁. 余謂主人曰: "前日欲揭以海鶴, 而今者獨以臨溟爲揭者, 何也?" 曰: "此寧海伯孔公瑞麟所名也. 子盍記之?" 余曰: "諾, 夫閣旣臨溟, 則擧海而山在中矣. 孔公命名之義, 其不在斯乎. 昔子路治蒲, 孔子過之, 三稱善政. 子貢問之, 夫子曰: 入其境, 田疇甚易, 草萊甚闢, 溝洫甚治. 此其恭敬以信, 故其民盡力也. 入其邑, 墻屋完固, 樹木甚茂. 此其忠信以寬, 故其民不偸也. 至其庭, 庭甚淸簡, 諸下用命. 此其明察以斷, 故其政不擾也. 以此觀之, 雖三稱其善, 庸盡其美乎. 余觀金侯爲政, 先力穡以足其民, 次繕其倉廩館宇城池之制, 以完其邑, 卒乃重修樓閣, 以爲皇華登覽宣鬱之所. 易視改觀, 非復曩時之淸矣. 苟非恭敬忠信明察之君子, 能若是乎? 雖使夫子過之, 亦必稱其善政不已. 鄭, 小國也而子産爲政, 鄭人忘其小也. 若金侯之治淸, 吾未見邑小而無能爲也. 嗚呼, 使之移撫鉅邑則其可量也哉. 是固不可以無記. 若夫玆閣山海之勝, 登賞之美則姑略之, 以俟夫當世之能言者. 金侯名某, 字某." 嘉靖九年五月旣望, 奉訓郎江原都事商山周世鵬記.

청하는 작은 고을이다. 영남의 70개 주 중에서 청하가 가장 고을도 작고 백성들도 드물다. 백성들의 생계는 농사짓는 것이 아니면 물고기를 잡는 것이다. 그래서 백성들은 더욱 야위고 관리들은 더욱 나약하다. 이런 까닭에 사람이 이 고을 현감으로 내정되면 위로를 받고 축하하는 것은 없다. 이 고을을 다스리는 사람도 걱정하고 즐거워하지 않으며 다스리기에 부족하다고 말한다. 대체로 모두가 손을 놓고 어찌할 바를 모르고 시간만 보낸다. 그러니 농사짓거나 건물을 수리하길 권하겠는가.

나는 젊었을 때 이 고을을 지나간 적이 있었다. 그때 보니 적막한 관아에 무너지고 빠진 것이 반이나 되었고, 고을이 되기에 부족하여 나는 아주 흉하다고 생각했다. 작년 여름, 나는 관동 막부의 일원으로 충당되어 칠원漆原에서 업무차 돌아가는 길에 청하의 서헌을 지나다 이곳에서 쉬게 되었다. 새로이 아주 높은 건물을 올리고, 단청이 햇빛에 빛났다. 서헌에는 대나무를 빙 둘러 심어 상쾌하고 한적하여 세상 밖에 있다는 생각이 들었다. 내가 주인에게 장난삼아 이렇게 말했다. "대나무를 봐도 주인의 고상한 정취를 알 수 있구려." 이에 주인과는 우연히 만나 서로 친구가 되었다. 주인이 말했다. "저는 부임한 후로 백성들을 이끌고 열심히 농사를 짓고, 물을 막아 몇 경頃의 논에 물을 대주었습니다. 또 물자들을 아껴 쓰고 백성들을 때에 맞게 인도하였습니다. 이렇게 5년의 시간이 쌓이니 백성들은 식량이 충분해졌고, 관리들도 부유해졌습니다. 옛날에 있던 현감의 관사는 무너져서, 현감이 거주할 수 없어 간혹 관리나 백성들의 집에 머물렀습니다. 낡고 비용이 없어, 먼저 현감의 관사를 지었고, 이어서 관창을 손보았습니다. 또 이어서 관아를 수리하고, 그런 다음 서쪽 행랑을 고치고 동헌을 넓혔습니다. 공사를 끝내니, 동헌의 동쪽에 옛날부터 무너진 채로 있는 매죽루가 있었습니다. 무너지지 않은 부분도 아주 낮게 눌려 있어서 바다와 산을 바라볼 수 없었습니다. 제가 다시 옛터에 높은 들보를 올려서 앞으로는 바다에 임하고 뒤로는 호학봉과 마주하게 하여, '해학海鶴'으로 이름할까 합니다. 선생께서 저를 위해 기문을 한 편 지어주십시오."

나는 급히 가느라 기문을 쓸 겨를이 없었다. 올해 4월, 또 칠원에서 청하를 지나면서 멀리서 높은 누각이 이미 높은 하늘 위로 비상하고 있음을 보았다. 이에 말에서 내려 계단을 올라가 난간에 기대어 길게 휘파람을 불었다. 가없는 큰 바다가 이미 해가 저물었음에도 내 눈 아래로 들어왔다. 실로 하늘 밖을 두루 바라보는 것 같고, 아득하여 의지할 곳 없는 것 같았다. 또 누각의 북쪽에는 못을 파서 연꽃을 심었다. 연잎들이 막 떠올라 엽전처럼 수면을 뒤덮었는데, 이 역시 좋아할 만했다. 이리저리 둘러보며 살피다가 창방 사이에 '임명각'이라는 큰 세 글자의 편액을 쳐다보았다. 내가 주인에게 말했다. "전에는 '해학'으로 세우려고 하셨는데, 지금은 '임명'으로 세우신 것은 왜이신지요?" 주인이 말했다. "이것은 영해부사이신 공서린孔瑞麟 나리께서 지으신 것입니다. 선생께서는 어찌 기문을 지어 주시지 않으신지요?"

내가 이렇게 말했다. "알겠습니다: 누대가 바다에 임하니, 바다에 오르면 산이 그 가운데에 있다. 공 나리께서 명명한 뜻이 여기에 있지 않겠는가? 옛날에 자로子路가 포蒲 땅을 다스릴 때 공자가 이곳을 지나가며 자로의 선정을 세 번 칭찬하였다. 자공子貢이 묻자, 공자는 이렇게 대답했다. '그 경내에 들어가니, 전답이 아주 간결하게 구획되었고, 황무지가 잘 개간되어 있으며, 도랑이 잘 정비되어 있었다. 이것은 공경하고 신용이 있어 백성들이 힘을 다하기 때문이다. 그 마을에 들어가니, 담과 가옥이 완전하고 견고하며, 수목들이 울창했다. 이것은 충직하고 관대하기에 그 백성들이 도둑질하지 않는 것이다. 그 뜰에 가니, 뜰이 아주 깔끔하고 아랫사람들이 명을 잘 따랐다. 이것은 잘 살피고 분명하게 일을 처리하는 것이다. 그래서 그 다스림이 혼란해지지 않은 것이다.' 이로 보면, (공자는) 비록 그 잘한 것을 세 번 칭찬했지만 어찌 그 아름다움까지 다한 것이겠는가? 내가 김현감이 다스리는 것을 보니, 먼저 농사에 힘써 백성들의 양식을 충분하게 하고, 다음에 식량창고·관아·연못 등을 보수하여 그 고을을 완전하게 하였다. 마지막에 결국 누각을 중수하여 관리들이 올라가서 울적함을 푸는 곳으로 삼았다. 시야를 바꾸고 풍경을 고쳤으니, 옛날의 청하가 아닌 것이다. 실로 공경하고 충직하며 명찰한 군자가 아니라면 이렇게 할 수 있겠는가? 공자가 이곳을 지나간다면, 분명히 그 선정을 크게 칭찬할 것이다. 작은 나라인 정鄭나라를 자산子産이 다스리자, 정나라 사람들은 자신의 나라가 작다는 것을 잊었다. 만일 김현감처럼 청하를 다스린다면, 나는 고을이 작아서 다스릴 수 없다고 하는 것을 보지 못할 것이다. 아, 그에게 청하를 다스리는 것처럼 큰 고을로 옮겨 다스리게 해도(그가 큰 고을을 잘 다스릴 것이라는 것을) 미루어 알 수 있을 것이다. 이는 실로 기록하지 않을 수 없는 것이다. 이 누각의 산과 바다의 빼어남과 올라가서 감상하는 아름다움은 여기서는 간략히 서술하여 우리 시대의 글 잘 쓰는 이들을 기다린다. 김현감의 이름은 모모이고, 자는 모모이다." 명 가정 9년(1530년) 5월 16일, 봉훈랑 강원도사 상산商山(경상북도 상주) 주세붕이 쓰다.(권용호 역.)

청하 임명각을 노래하며 [題淸河臨溟閣]

강원도사(江原都事) 주세붕의 시운을 썼고, 김 현감이 화창을 구했다.

(用周都事世鵬韻, 縣守金侯索和)

어득강(魚得江, 1470~1550) 《관포시집(灌圃詩集)》

東州風物白吾頭	동쪽 고을 풍물에 내 머리 희어지고,
去郡今猶作臥遊	오늘 군을 떠나니 누워서 여행하는 것 같았네.
聞道賢侯增葺餙	어진 원님께서 잘 가꾸었다는 말을 들으니,
遙題百不[49]一分酬	멀리서도 무엇을 쓰든 일일이 나눠보답하리.

---

49 百不(백불): "～를 불문하고"의 의미이다.

청하 임명각을 노래하며 [題淸河臨溟閣]

주세붕(周世鵬, 1495~1554)《무릉잡고(武陵雜稿·별집(別集)》《권20》

奇觀萬里登高閣	만리 빼어난 경관 보고자 높은 누대 오르고,
倦客三年賦遠遊	부역에 지친 나그네는 3년을 먼 곳을 떠돌았네.
若倒東溟斟北斗	동해바다를 뒤집고 북두를 뜨는 것 같으니,
樓中風景可相酬	누대의 풍경은 서로 시문을 주고받을 수 있네.

해월루기(海月樓記)

이언적(李彦迪, 1491~1553)[50]《회재집(晦齋集)》《권6》

邑之有樓觀, 若無關於爲政, 而其所以暢神氣, 淸襟懷, 以爲施政之本者, 亦必於是而得之. 蓋氣煩則慮亂, 視壅則志滯. 君子必有遊覽之所, 高明之具, 以養其弘遠淸虛之德. 而政由是出, 其所關顧不大哉? 淸之爲縣, 僻在海隅. 客館之東, 古有小樓, 陋隘低微, 隱在雉堞中, 四顧無眼界, 無以宣暢湮鬱, 導迎淸曠. 至使浩渺無涯之壯觀, 礙於咫尺而莫收, 所見者半畝方塘, 數叢梅竹而已. 嘉靖戊子冬, 縣宰金侯自淵始欲改構, 增其舊制, 峻而寬之, 滄溟浩汗, 擧眼斯得. 人之登斯樓者, 不知

조선 중기의 문신·학자. 경상북도 경주시 강동면 양동에서 태어났다. 본관은 여강(驪江). 초명은 적(迪)이었으나 중종의 명으로 언(彦)자를 더하였다. 자는 복고(復古), 호는 회재(晦齋)·자계옹(紫溪翁). 할아버지는 참군 수회(壽會)이고, 아버지는 생원 번(蕃)이며, 어머니는 경주 손씨(慶州孫氏)로 계천군(鷄川君) 소(昭)의 딸이다. 1610년(광해군 2) 문묘(공자 사당)에 종사되었고, 경주의 옥산서원(玉山書院), 포항 내연산 보경사 입구에 있던 학산서원(鶴山書院), 포항 흥해에 있던 곡강서원(曲江書院), 영덕에 있던 남강서원(南江書院) 등에 제향되었다. 시호는 문원(文元)이다. 묘소는 포항 도음산 선영 아래에 있다. 그의 동생 이언괄(李彦适, 1494-1553)이 해월루에서 가까운 송라도역의 찰방(察訪)을 지냈다.

樓之高, 而怳然如天開地闢而敞豁也. 遂名爲臨溟閣. 第以匠不得良, 築址不牢, 營構失宜, 不數年而傾側. 厥後柳茂繽繼之, 支撑起正, 未久旋頹. 賓客之至縣者, 雖當夏月, 困於炎蒸, 而徘徊却立, 不敢登者, 殆將十年矣. 歲丁酉秋, 鐵城李侯股, 以親老出紐縣章. 游刃之余, 慨然有志於重修, 尙慮邑殘力薄, 重勞疲氓. 乃搜吏民之欠科納者, 隨其多少而稱其役之輕重. 又求助於水使李公夢麟, 得隣境戍卒之闕防應罰者百名, 除其罰而用其力, 不煩民而事集. 累土築基, 結構精緻, 碧簷丹檻, 玲瓏宛轉, 材頗仍舊, 而制作一新. 乃改扁爲海月樓, 屬余記之. 余惟吾鄕距縣纔數程, 庶幾一往登覽, 以滌塵煩, 而繫官于朝, 願莫之遂. 然茲樓之勝狀, 因其名而求之, 亦可得其一二矣. 凭欄縱目, 萬景森羅. 邐延野綠, 遠混天碧, 鬱然而峙於北者, 內延山也. 巍然而秀於西者, 回鶴峯也. 松林遠近, 蔥翠可玩. 煙嵐朝暮, 變態萬狀. 而獨取二物以爲名者, 志其所見之大者也. 見其大而有得於懷, 豈但快目玩物而已哉? 若乃桑暾照波, 煙霧初消, 淼淼漫空, 一碧萬里. 澈濟㴱灩, 浮天浴日, 沖瀜滉瀁, 不見涯岸, 憑高而極目, 渺茫邈乎如凌虛御風而臨河漢, 使人心境廓然廣大寬平, 而浩然之氣, 充塞於兩間. 此則觀海之善者也. 至若氣霽坤倪, 雲斂乾端, 氷輪輾碧, 暮靄橫白, 水天混光, 星河韜映, 霽色嬋娟, 澄輝皎潔. 人在危樓, 愛而玩之, 寄身於淸高之域而寓目於虛明無盡之境, 杳然如離世絶俗而登蓬瀛, 使人胸次洒落, 查滓淨盡, 而本然之天, 浩浩於襟靈. 此則玩月之善者也. 嗚呼! 君子之觀物, 異於俗眼. 觀其物, 必悟其理而体于心. 故觀天行而不遑寧息, 察地勢而思厚其德. 侯之以海月名樓, 夫豈徒然哉? 海以取其寬, 月以取其明. 寬以弘吾量, 明以昭吾德, 雖以之治天下可也. 而況於爲一邑乎? 登斯樓者, 目其額而思其義, 則庶免於俗眼矣. 嘉靖癸卯三月下澣, 資憲大夫, 議政府右參贊驪江李彦迪記.

읍에 누관樓觀이 있는 것이 정치하는 것과 무관하게 보여도, 그 정신과 기운을 화창하게 하고, 그 감정을 맑게 하는 것은, 위정爲政의 근본이 되는 것이니, 또한 반드시 누각에서 그러한 덕성을 얻는 것이다. 대개 기운이 번잡하면 생각이 어지럽고, 시선이 가리면 뜻이 막힌다. 군자는 반드시 노닐며 보는 곳이 높고 밝은 곳을 갖추어야 한다. 그 넓고, 멀고, 맑고, 욕심 없는 덕성을 기르고서야 행정이 이에서 나오니, 그 연관되고 돌이켜보아야 할 바가 크지 않은가.

청하의 현이 된 모양이 바닷가 모퉁이에 궁벽지고, 객관客館의 동쪽에 작은 누각이 예부터 있는데 좁고 낮으며 하잘 것 없었다. 성가퀴 중에 숨어 있어서 사방으로 둘러보아도 시선이 닿는 경계가 없고, 기분을 펴고 맺힌 마음을 풀어주는 경치가 없었다. 맑고 트인 경계로 이끌고 맞이하여, 넓고 아득하여 가없는 장관에 이르게 하지만, 지적에 장애가 있어서 이러한 풍경을 거둘 수가 없었다. 보이는 것이라곤 반 무畝의 네모난 연못이고, 몇 떨기의 매화와 대나무뿐이었다.

명나라 가정 무자년(1528) 겨울에 현감 김자연金自淵이 처음으로 이 누각을 고쳐 지으려고 하였다. 옛 건물의 규모를 늘리고, 높이고, 넓혀서 광활한 바다가 시야에 들어오게 하였다. 이 누각에 오르는 사람이 누각이 높다는 것을 알지 못하는데도 불구하고 하늘이 열리고, 땅이 열리어 시원한 풍경이 펼쳐졌다. 그래서 임명각臨溟閣이라고 이름 하였다.

장인이 훌륭하지 못하고, 축대가 견고하지 않으며, 건물 지은 것이 바르지 못하여, 몇 년 되지 않아서 누각이 기울어졌다. 그 뒤에 류무빈柳茂繽이 현감으로 와서 누각을 지탱하는 기둥을 세워 바로 서게 하였지만, 오래지 않아서 다시 퇴락하였다. 현에 온 손님이 여름철에 찌는 더위로 곤욕을 치르며 누각 주변을 배회하고 서성이지만, 감히 누각에 오르지 못한 것이 거의 10년이 되어갔다.

정유년(1537) 가을에 철성鐵城 이씨의 이고李股가 부모님이 늙어서 청하 고을의 원님으로 나와서 업무를 보는 틈에 안타까이 여기며 누각을 중수할 뜻이 있었다. 하지만 읍의 세력이 약하고 재력이 부족하며, 무거운 노역으로 백성을 지치게 할 것을 염려하였다. 그래서 아전과 백성 중에 세금을 미납한 자를 찾아내어 그 미납액의 다소에 따라 노역의 경중을 매겼다. 또한 수군절도사 이공李公 몽린夢麟에게 도움을 청하여 이웃 고을의 수자리 임무를 가진 병졸 중에서 벌을 받아야 할 사람 100명에게 그 벌을 면제해주고 그들의 힘을 이용하였다. 그래서 백성을 번거롭게 않고서도 공사 일을 할 사람을 모으고, 흙을 쌓고 터를 잡아서 누각을 세웠다. 건물이 정치精緻하고 푸른 처마에 붉은 난간이며 날아갈 듯이 아름다워서 재목이 자못 낡았지만 누각이 새로워졌다. 편액을 고쳐 해월海月이라고 하였다. 편액 글씨는 성成 상서尙書 세창世昌의 묘필妙筆을 쓰고, 기문은 나에게 부탁하였다.

생각해보니 나의 고향과 현이 겨우 수십 리 떨어져 있어서 거의 한 번 가서 누각에 올라 세상 티끌과 번잡함을 씻어내고 싶지만, 조정에서 관직에 얽매이어, 원하지만 그렇게 해보지 못하였다. 그러나 이 누각이 빼어난 모습은 그 이름에서 구하여 보면 또한 한두 점의 훌륭한 바를 얻을 수 있다.

난간에서 눈 가는대로 보면 삼라만상이 가까이로는 들의 녹색에 이어지고, 멀리로는 하늘의 푸른빛에 섞인다. 울창하게 북쪽에 솟은 것이 내연산內延山이고, 높고도 빼어나게 서쪽에 있는 것이 회학봉回鶴峯이다. 솔숲이 원근에 있어서 푸른 기운을 완상할 수 있고, 아침저녁으로 이는 안개와 이내가 변하는 모습이 천태만상이지만, 오직 바다와 달 두 자연물만을 취하여 이름을 지은 것은 그 보이는 것이 장대한 것에 뜻을 둔 것이다. 장대한 것을 보고 가슴에 얻는 것이 어찌 다만 눈만을 즐겁게 하고, 자연만을 감상하려고 하는 것이겠는가.

아침 해가 수면을 비추면 물안개가 걷히기 시작하고, 아득하고 아득한 물결이 허공에 퍼져서 한 결 같이 푸른 빛깔이 만 리에 펼쳐진다. 출렁이는 물결이 넘쳐흐르며 하늘을 띄우고 해를 목욕시킨다. 깊디깊고 너르디너른 물결은 가없어서 바닷가 언덕을 볼 수가 없다. 누각 높은데 올라 눈길을 다하여 보면, 멀리 아득하고 아득한 풍경이여! 허공의 바람을 타고 은하수에까지 닿고, 사람의 마음을 탁 트이고, 넓고, 크고, 훤하게 하여 호연지기浩然之氣가 천지간에 가득 차게 한다. 이러한 것은 바다를 보는 좋은 점이다.

비가 개고, 대지가 드러나고, 구름이 걷히고, 하늘이 나타나며, 얼음 바퀴 같은 달이 푸른 하늘에 떠오르면, 저녁 이내가 뿌옇게 비껴 걸리고, 물과 하늘이 빛을 뒤섞고, 은하수가 그림자를 감추며, 비갠 풍경이 곱고 어여쁘며, 맑은 달빛이 휘영청 밝고 깨끗하다. 사람이 높은 누각에 올라서 이러한 풍경을 아끼고 완상하며, 맑고 높은 공간에 몸을 맡기고 텅 비고 밝아서 다함이 없는 경계에 눈을 두어서, 아득히 세상을 여의고 속세를 끊어서 신선이 사는 봉래산蓬萊山과 영주瀛洲에 오르게 한다. 사람의 가슴을 시원하게 하며 가슴 속 찌꺼기를 모조리 쓸어내고 본연의 천성으로 돌아가게 하니, 영혼과 마음이 걸림 없이 넓고 넓어진다. 이러한 것은 달을 완상하는 좋은 것이다.

아! 군자가 자연을 관찰하는 것은 속인의 눈과 다르다. 그 자연을 관찰하여 반드시 그 이치를 깨닫고 체득한다. 그러므로 하늘의 운행을 관찰하여 게으르게 편안히 쉬지 않고, 땅의 지세를 살피어 자신의 덕성을 두텁게 할 것이다. 현감이 해월海月로 누각의 이름을 지은 것이 어찌 쓸모없는 일이겠는가. 바다로서 그 너름을 취하였고, 달로서 그 밝음을 취하였다. 그 너름으로 나의 국량局量을 넓히고, 그 밝음으로 나의 덕성을 밝게 한다. 비록 천하라도 이러한 덕성이면 다스릴 수가 있다. 하물며 한 고을을 위하여서야. 이 누각을 오르는 사람은 그 편액을 보고 그 뜻을 생각하면, 거의 속된 안목을 면할 수가 있을 것이다.

가정嘉靖 계묘(1543)년 3월 하순 자헌대부資憲大夫 의정부우참찬議政府 右參贊 여강驪江 이언적李彦迪 적음.[51]

청하현 해월루를 노래하며 [題淸河縣海月樓]

이해(李瀣, 1496~1550)[52] 《온계선생일고(溫溪先生逸稿)》(권1)

縣客館東, 古有樓, 名竹月. 其後有一邑宰改構, 名之曰臨溟. 又未久
傾圮. 吾友鐵城李君子輔撤而新之. 增其舊制, 不煩民力而成之. 乃改
其扁曰海月. 拉余登臨, 則洒然有出塵之想焉. 因要余留題甚堅, 辭不
獲, 錄奉以塞厚意.

현의 객관 동쪽에 옛날에 '죽월루'라는 누대가 있었다. 후에 한 읍재
가 다시 지어 임명각이라고 했다. 또 오래지 않아 기울고 무너졌다. 내
친구 철성 이 군자[53]가 힘을 빌려 철거하고 새롭게 지었다. 그 옛날의
모습을 증축함에 백성들의 힘을 귀찮게 하지 않고 지었다. 이에 그 편
액을 해월이라고 하였다. 나를 잡고 오르니, 속이 후련한 것이 세속 밖
을 나가고 싶은 생각이 들었다. 이에 나에게 글을 한 편 써주길 간곡하
게 요청하니, 차마 사양하지 못하고 두터운 호의에 보답코자 삼가 이

---

51 번역문은 김희준의 〈조선시대 청하현 해월루(海月樓)의 연혁〉(『관송(觀松)』10, 청하
    중학교, 2013)에서 옮겨 옴.
52 李瀣(이해): 조선 전기의 문신이다. 본관은 진보(眞寶)이다. 자는 경명(景明)이고, 호
    는 온계(溫溪)이다. 조부는 진사 이계양(李繼陽)이고, 부친은 식진사 이식(李埴)이
    다. 중종 20년(1525년) 진사가 되었고, 1528년 식년 문과에 급제했다. 사간·도승지·
    강원도관찰사·한성부윤 등을 지냈다. 예서(隸書)에 뛰어났다. 영주의 삼봉서원(三峰
    書院), 예안의 청계서원(淸溪書院)에 제향되었다. 문집으로는 《온계선생일고(溫溪
    先生逸稿)》가 있다.
53 철성(지금의 고성) 이씨 이고(李股) 현감을 말한다.

글을 쓰게 되었다.

十二年前過此遊	12년 전 이곳을 지나며 노닐었고,
今來傑構喜重修	지금은 오니 멋진 누대 다시 지음에 기뻐하네.
閣含海旭淸光發	천장은 바다의 해 머금어 푸른빛을 발하고,
軒對山嵐翠色浮	동헌 마주한 산엔 비취색 떠다니네.
苦竹漸枯嫌扁額	고죽은 점점 말라 편액을 꺼리고,
滄溟乍隔失名樓	바다는 갑자기 숨어 명루를 잃네.
新題海月多思藻	새로 바다와 달을 읊으니 좋은 생각 많아지고,
從此風流薄海陬	이로 풍류는 바다 끝에 가까워지네.

해월루 시에 차운하며 [次海月樓]
청하에 있다. 옛날에는 '임명'이라고 했는데, 해월로 편액을 바꾸었다
(淸河. 舊名臨溟, 改扁海月)

황준량(黃俊良, 1517~1563)[54] 《금계집(錦溪集)·외집(外集)》 (권4)

臨溟曾記十年遊	임명각에서 10년 전에 노닌 것을 기억하니,
玉斧重修月滿樓	옥도끼로 중수하니 달 가득한 누대 되었네.
晴隱雷霆聲撼地	맑은 날에도 숨은 우레 소리가 땅을 뒤흔들고,

---

54 黃俊良(황준량): 조선 전기의 문신이다. 본관은 평해(平海)이다. 자는 중거(仲擧)이고, 호는 금계(錦溪)이다. 조부는 황효동(黃孝童)이고, 부친은 황치(黃䡖)이다. 어려서부터 재주가 뛰어나 신동으로 불렸으며 문명(文名)이 자자했다. 중종 32년(1537년) 생원이 되고, 1540년 식년문과에 을과로 급제했다. 경상도감군어사·신녕현감·단양군수 등을 지냈다. 임지마다 백성들을 구휼하고 지방교육에 힘을 쏟아 큰 치적을 쌓았다. 풍기의 욱양서원(郁陽書院), 신녕의 백학서원에 제향되었다. 문집으로는 《금계집(錦溪集)》이 있다.

寒垂星斗氣涵秋 　차갑게 드리운 북두성은 가을 기운 머금었네.

未攀霞鶩[55]王公[56]詠 　왕발(王勃)이 노래한 노을 속의 따오기 못 따르고,

謾作君民范老[57]憂 　범중엄(范仲淹)이 근심했던 임금의 백성이 되었네.

自笑腐儒微寸效 　우습구나, 고루한 선비가 한 치도 본받지 못하고,

春風多病未歸休 　봄바람에 병이 많아 돌아가 쉬지도 못하는 게.

해월루에서 벽의 시에 차운하며 [海月樓, 次壁上韻]

조정(趙靖, 1555~1636)[58] 《검간선생문집(黔澗先生文集)》(권1)

多病年來謝遠遊 　병이 많아진 이래로 먼 길 사양하고,

强扶衰朽此登樓 　쇠잔한 몸을 억지로 이끌고 이 누대를 올랐네.

騰空瑞旭紅雲曉 　새벽에 길한 아침 해와 붉은 구름 허공을 오르고,

咽耳淸蟬碧樹秋 　푸른 가을 나무의 맑은 매미 소리 귓가에 울리네.

55　霞鶩(하목): 낙하고목(落霞孤鶩)의 줄임말이다. '낙하'는 지는 놀을 말하고, '고목'은 외로운 따오기를 말한다. 당(唐)나라의 문장가 왕발(王勃)의 《등왕각서(滕王閣序)》에 "지는 놀은 외로운 따오기와 나란히 날고, 가을 강물은 긴 하늘과 함께 한 빛이네(落霞與孤鶩齊飛, 秋水共長天一色)."라고 했다.

56　王公(왕공): 당(唐)나라의 유명한 문장가 왕발(王勃)을 말한다. 양형(楊炯)·노조린(盧照隣)·낙빈왕(駱賓王)과 함께 시문으로 명성을 떨쳐 초당사걸(初唐四傑)로 불렸다. 그는 노조린 등과 함께 지나치게 화려함을 추구하던 당시의 시풍을 개혁하려고 했다. 대표작으로는 《등왕각서(滕王閣序)》가 있다.

57　范老(범로): 북송(北宋)의 문신이자 학자인 범중엄(范仲淹)을 말한다. 그의 대표작인 《악양루기(岳陽樓記)》에서 "천하의 근심을 먼저한 후에 개인의 근심을 생각하고, 천하의 즐거움을 이룬 후에 자신의 즐거움을 구해야 한다(先天下之憂而憂, 後天下之樂而樂)."라는 명문을 남겼다.

58　趙靖(조정): 조선 중기의 문신이다. 본관은 풍양(豊壤)이다. 자는 안중(安中)이고, 호는 검간(黔澗)이다. 조부는 조희(趙禧)이고, 부친은 조광헌(趙光憲)이다. 김성일(金誠一)의 문인이다. 선조 25년(1592년) 임진왜란 때 의병을 일으켜 활약했고, 1599년에는 천거를 받아 참봉이 되었다. 1603년 사마시에 합격한 뒤 1605년 좌랑으로 증광문과에 병과로 급제했다. 이후 봉상시정에 이르렀다. 상주의 속수서원(涑水書院)에 봉향되었다. 저서로는 《검간문집(黔澗文集)》과 《진사일록(辰巳日錄)》이 있다.

倚席自慚飛鳥習	자리에 기대어 나는 새 배우려 했음이 부끄럽고,
偃溟翻起猰[59]鯨憂	고요한 바다 뒤집히니 괴물과 고래로 근심하네.
傍人莫拒深深酌	옆 사람들 막지 못해 깊이 깊이 술을 따르고,
百慮全憑醉暫休	암만 생각하고 기대도 취해야 잠시 멈출 뿐.

공은 계림에서 공부할 때 청하현의 유자들에게 돌아가며 강학했는데, 마침 해구들이 침입했다는 소식을 들었다. 그래서 여섯 번째 구에서 이를 언급했다)(公在雞林學時巡講淸河縣儒, 適聞海寇之報, 故第六句及之)

해월루 시에 차운하며 [次海月樓韻]

황여일(黃汝一, 1556~1596) 《해월선생문집(海月先生文集)》(권1)

南來本爲鶴山遊	남쪽에 온 것은 원래 학산을 둘러보기 위함인데,
北望先登海月樓	북쪽 바라보려고 해월루에 먼저 올랐네.
長篴殘星一樽夕	술 한 동이로 밤새다 새벽의 긴 젓대 소리 듣고,
紅蕖翠篠滿塘秋	붉은 연꽃과 푸른 대나무의 연못은 온통 가을빛이네.
淸時不用憑軒涕	정치가 잘 될 땐 난간에 기대 울 필요 없고,
暇日聊消懷土[60]憂	한가한 날에는 잠시 고향 걱정이 사라지네.
更擬明朝牧羊去	내일 아침 다시 양을 치러 가야 하니,
于今林下有眞休	오늘 숲 아래서 진정으로 쉬었다네.

---

59 猰(알): 전설속의 짐승이름이다.
60 懷土(회토): 고향을 생각함을 말한다.

해월루 시에 차운하며 [次題海月樓]

이춘영(李春英, 1563~1606)《체소집(体素集)》

欲試平生汗漫[61]遊	평생 아득한 곳 떠돌아 보려면,
須登城上最高樓	반드시 성 위의 가장 높은 누대 올라야 하리.
玄珠象罔[62]籠三界[63]	진리 찾은 상망은 세 가지 세계를 뒤덮고,
灝氣[64]滄涼倒九秋	서늘한 대자연의 기운은 가을에 걸리네.
倘有鸞凰[65]供度世	난새와 봉황이 세상을 제도하는데 힘쓴다면,
未妨鸚鵡解消憂	앵무새들 근심을 푸는데 방해하지 않을 것이라네.
流光苦惜無多子	흐르는 세월에 자식이 많이 없음 애석하고,
桂魄[66]西飛不暫休	달은 서쪽으로 옮겨감에 잠시도 쉬지 않네.

---

61 汗漫(한만): 물이 아득히 넓은 모양을 말한다.

62 玄珠象罔(현주상망): 이와 관련된 내용은《장자(莊子)》'천지(天地)'편에 보인다. 상고 시기 황제(黃帝)가 적수(赤水) 북쪽의 곤륜산 언덕에 올라 남쪽을 바라보고 돌아오는 길에 현주(玄珠)을 잃어버렸다. 황제는 지혜로운 지(知)를 보내 찾도록 하였으나 찾지 못했고, 눈이 밝은 이주(離朱)를 시켜 찾도록 했으나 찾지 못했으며, 언변이 뛰어난 끽후(喫詬)를 시켜 찾도록 했으나 그 역시 찾지 못했다. 이에 아무런 생각이 없는 상망(象罔)을 시켜 찾아보게 하였더니 곧 찾아내는 것이었다. 이에 황제는 "기이하도다! 상망만이 이를 찾아냄"이라고 했다. 이곳의 '현주'는 '진리'를 의미한다.

63 三界(삼계): 천계(天界)·지계(地界)·인계(人界) 세 가지 세계를 말한다.

64 灝氣(호기): 대자연의 기운을 말한다.

65 鸞鳳(난봉): 난새와 봉황을 말하는데, 보통 훌륭한 인재를 가리키는 말로 비유적으로 쓰인다.

66 桂魄(계백): 계수나무가 있는 달이라는 뜻으로, 달을 달리 이르는 말이다.

해월루중건기(海月樓重建記)

류명천(柳命天, 1633~1705)《퇴당선생문집(退堂先生文集)》(권5)

嶧陽之桐, 焦於爨下, 惟伯喈識之; 豊城之釖, 埋於獄底, 惟茂先發
之. 物之興廢成毁, 必有待於人者, 有如是夫. 歲黑兔, 晦齋李先生爲淸
河李知縣題海月樓記, 掛在楣間凡幾年所. 其後樓廢於何時, 板歸於烏
有. 人代漸茸, 陳跡難尋. 獨於先生遺集之中, 咏歎斯文而已. 鄭侯歧胤
氏至縣之明年, 有復於侯者曰: 鷄林村間, 所不知何家, 有一板子, 皮
以爲床, 就視其板中文字, 似是海月樓記云. 鄭侯始聞以疑之, 亟取以
觀之, 果海月樓之舊板, 李先生之所著也. 有若商彝周鼎, 閱世猶存, 制
作宛然, 刻畫不減, 誠千古之奇遇也. 鄭侯遂聚縣父老, 詢其海月樓舊
址, 而曰: 丘陵變遷也, 而曰: 喬木合抱也. 勢不可結搆, 稍移子城東南
隅, 作小樓三椽, 略倣海月之舊制. 仍取其舊板, 新其邊欄, 易其丹堊,
復揭樓之顔, 樓之顔色, 噲然一新. 邑人皆爭覩之爲. 記先生之記玆樓
也, 百五十有三年之久. 樓之堅峙, 猶不足以自保, 而况樓中之一板乎.
其不摧折於兵燹之際, 亦不燒燼於樵牧之手, 嶧陽之桐, 豊城之釖, 埋
沒於灰土, 而人莫之識, 斯亦奇哉. 噫! 物之顯晦有時, 則鬼神異物, 陰
護先生之咳唾, 而欲毋毁傷而然耶. 物固待人而興. 則鄭侯之精神氣味,
亦有所相感而然歟. 鄭侯乃桐溪先生之孫, 家學淵源有自來. 其力求先
生之遺筆, 潤色之尊閣之固也. 人物之相待, 若有機緘者存焉. 斯又奇
哉. 海月樓之勝槩, 先生之記文盡之矣. 奚容後生之筆舌. 惟記文中有
曰: "海以取其寬, 月以取其明, 寬以弘吾量, 明以昭吾德." 目其額而思
其義, 則庶免於俗眼矣. 後之陟降於此者, 盍服膺斯訓而拳拳之哉.

　역산嶧山 남쪽의 오동나무가 부뚜막에서 태워지자 채백개蔡伯喈만이
(귀한 나무임을) 알아봤고, 풍성豊城의 보검이 감옥 바닥에 묻혀 있었지

만 장화張華만이(보검임을 알고) 이를 발굴했다. 사물의 흥망과 성쇠는 반드시 사람을 기다려야 한다는 것이 이런 것이다.

계묘년(1543년), 회재 선생이 청하현감 이고李股를 위해 《해월루기》를 써 주었고, 이를 창방 사이에 걸어둔 지 몇 해가 되었다. 이후 누대는 어느 때에 무너지고, 현판은 어디로 가버렸다. 사람이 바뀌고 시간이 지나면서, 옛 자취를 찾기 어려워졌다. 선생의 문집에만 있어 유자들이 읽고 감탄할 뿐이었다. 정鄭 태수 기윤岐胤씨가 고을에 온 이듬해, 태수에게 "어느 집인지는 모르겠으나 계림의 마을에 밥상으로 올려놓은 판자 하나에 글자들이 보였는데, 《해월루기》인 것 같았습니다."라는 보고가 있었다. 정 태수가 처음에 듣고 의심하다가 급히 가서 찾아와 보니, 과연 해월루의 옛 현판으로, 이 선생이 쓴 것이었다. 상商나라의 제기와 주周나라의 솥처럼 시대가 흘러도 살아남고, 그 모습이 완연하며 새긴 글자들이 없어지지 않은 것은 실로 천고의 기이한 일이다. 정 태수가 결국 고을의 어르신을 모아 해월루의 옛 터를 물으니, 누구는 언덕으로 변했다 하고, 누구는 큰 나무에 빙 둘러싸여 있다고 했다. 정황상 지을 수 없어 자성子城 동남쪽 구석으로 위치를 약간 옮겨서 서까래가 세 개 되는 작은 누대를 지었는데, 해월루의 옛 모습을 얼추 본떴다. 이에 옛 현판을 걸고, 그 주변의 난간을 새로이 했으며, 단청과 회를 칠했다. 아울러 누대의 편액을 다시 걸어 누대의 면모를 일신했다. 마을 사람들 모두 다투어 보는 것으로 즐거움으로 삼았다.

기문은 선생이 이 누대를 기록한 것으로 153년이 지났다. 견고하고 높은 누대라도 자신을 지키기 어려운데, 하물며 누대 안의 현판이야 더 말할 것도 없을 것이다. 이것이 전쟁의 소용돌이 속에서 부서지지 않고 나무꾼의 손에 태워지지 않은 것은 역산 남쪽의 오동나무와 풍성의 보검들이 재와 흙에 매몰되어 사람들이 알아보지 못하게 된 것에 비하면, 기적에 가까운 일이다.

아! 사물이 드러나고 숨는 것은 때가 있으니, 귀신이 사물을 각별히 여기고 선생의 생각을 몰래 지키고자 하여 훼손되지 않게 하려 했던 것이 아니겠는가. 사물은 실로 사람을 기다려 흥하는 것이니, 정 태수의 정신과 기상도 이와 서로 느끼는 바가 있어 그랬던 것이다. 정 태수는 동계 선생의 손자로, 가학의 연원이 있는 집안 출신이다. 그가 선생의 남은 필적을 힘써 찾고 누대의 면모를 일신한 것은 확실한 것이다. 사람과 사물이 서로 기다린 것이 서로에 이끌림이 있는 것 같으니, 이 또한 기이한 일이다.

해월루의 빼어남은 선생의 기문에서 모두 말했으니, 어찌 후생의 붓과 혀로 더 말할 것이 있겠는가. 기문에서 "바다에서 그 너그러움을 취하고, 달에서 그 밝음을 취하며, 너그러움으로 나의 도량을 넓히고, 밝음으로 나의 덕을 밝힌다."라는 편액을 보며 그 의미만 생각해도 시야가 좁다는 평가는 받지 않을 것이다. 후에 이곳을 오르내리는 사람이 어찌 이 가르침을 마음 깊이 새기고 소중히 여기지 않겠는가.(권용호 역.)

해월루기(海月樓記)

신유한(申維翰)[67] 《청천집(青天集)》(권5)

全城李侯徵復宰淸河一年, 致書言淸之邑, 踞滄海之岸, 環岸而城. 城

---

67 申維翰(신유한, 1681~1752), 조선후기 제술관, 봉상시첨정 등을 역임한 문신. 문장가. 본관은 영해(寧海). 자는 주백(周伯), 호는 청천(靑泉). 출생지는 경상도 밀양, 거주지는 경상도 고령. 증조는 신구년(申龜年)이고, 아버지는 신태래(申泰來)이며, 어머니는 김석현(金碩玄)의 딸이다. 신태시(申泰始)에게 입양되었다. 1705년(숙종 31) 진사시에 합격하고, 1713년 증광문과에 병과로 급제하였다. 1719년 제술관(製述官)으로서 통신사 홍치중(洪致中)을 따라 일본에 다녀왔으며, 봉상시첨정에 이르렀다. 문장으로 이름이 났으며, 특히 시에 걸작품이 많고, 사(詞)에도 능하였다. 최두기(崔杜機)와 친하였다. 저서로는 『해유록』『청천집』이 있다. 유정(惟政)의 문집을 『분충서난록(奮忠紓難錄)』으로 편찬하기도 하였다.

中設公館衙舍, 纍纍如布棋. 是其官居燕息, 寢飯言笑, 日與海吐吸. 而獨亡以縱目於金波浴月之觀者, 廨宇之隱於城, 而視窮於咫尺故也. 往昔一二良宰, 屢起別榭, 在東曰臨溟閣而圮. 徙築於西北隅曰海月樓. 嘉靖癸卯, 晦齋李先生記文具在. 然斯皆壓城而架虛岌岌. 其棟輒被海飆撞碎, 葺而壞壞而墟者, 曠百年矣. 及吾莅縣, 而惜往美之荒墜, 謀所以新之. 酒於海月樓故址, 滌場一畝, 地勢差高, 可以俯瞰前洋. 斯焉小築, 不壓城不架虛, 庶幾風雨無欠. 遂捐財募工而治之. 旬月而告成者. 方楹曲檻, 左寢右堂. 可坐而眺望, 可憑而嘯傲. 覆以瓦繪以采, 各致其精. 夫是之謂斥鷃之適, 而得大鵬之觀也. 吾自今偃仰於斯, 雖其棟樑之高, 不及故樓三之一, 而西北諸山未全露, 然彼一碧萬頃, 浩渺黏天, 火傘騰波, 氷輪輾空, 使吾目境與几案之間, 便作廣寒宮神仙界. 遠近觀者, 孰敢曰吾樓之小. 亟取遺塵中成尙書舊額與李先生記板而拂拭之, 揭諸眉. 讀是記而爲癸卯者三易矣. 子今爲我志之. 不佞維翰忝官比壤, 得侯書驥甚, 馳往觀之, 立而歎曰: 邑如彈丸, 廩如懸罄, 而耕田者不知有役, 市魚者不聞有征. 此樓從何而起. 卽侯之淸白照物, 已與海月分光矣. 夜宿于樓, 二更銀蟾出海. 樓上下爲瓊瑤窟. 命丫鬟鼓絃而佐觴. 酒酣而歌曰: 海漫漫兮天蒼蒼, 月出皎兮山河光. 侯登樓兮倚闌干, 若憑虛御風兮夾飛僊. 氓欣欣兮色笑, 頌侯之德兮如月來照. 使姮娥絚瑟兮馮夷舞, 樓永寧兮樂終古. 樓前數步, 方塘新貯水, 且蒔芙蓉, 是侯之力, 舊記所無, 可倂書.

전주성全州城의 이후李侯 징복徵復[68]은 청하를 다스린 지 1년이 되었다. 그가 나에게 편지를 보내 이렇게 말했다. "청하는 푸른 바다 언덕에 자

---

68 본관이 전주인 이징복(李徵復) 현감을 말한다. 『영일읍지』에는 이징복 현감이 "해월루를 새로 세웠다(新建海月樓)."라고 기록되어 있다.

리하고, 그 언덕을 빙 돌아 성이 됩니다. 성안에 둔 공관과 관사는 바둑알을 놓은 것처럼 다닥다닥 붙어 있습니다. 관아에서 잔치하고 쉬거나 자고 밥 먹고 말하거나 웃을 때는 매일 바다와 함께 합니다. 다만 금빛의 물결에 달이 뜨는 경관을 볼 수 없는 것은 관아가 성에 가려져서 시야가 지척에서 그치기 때문입니다. 지난날 한두 분의 훌륭한 현감이 달리 누대를 여러 번 세웠습니다. 동쪽에 있던 임명각臨溟閣이란 누대는 무너졌고, 서북쪽 모퉁이에 옮겨 세운 것은 해월루라고 하는데, 명나라 가정嘉靖 계묘년(1543년) 회재晦齋 이언적 선생의 기문이 아직도 있습니다. 이들은 모두 성보다 높으나 아주 위태하게 허공에 걸쳐있습니다. 그 용마루는 수시로 세찬 바닷바람을 맞아 부서지고, 지붕을 이어도 무너져서 폐허가 된 지 100년이 되었습니다. 저는 고을에 부임하여 지난날 아름다운 누대가 황폐해지고 무너진 것을 안타깝게 여겨 새롭게 지어 볼 생각을 하였습니다. 이에 해월루의 옛터에 마당 한 이랑을 정비하니 지세가 조금 높아서 앞의 바다를 내려다볼 수 있었습니다. 이에 조금 쌓아 올려 성보다 높지도 않고 허공도 가로지르지 않아, 바람과 비에도 거의 손상됨이 없었습니다. 마침내 재물을 내고 인부를 모아 공사를 시작했는데, 열 달 만에 완성하였습니다. 반듯한 기둥에 굽어진 난간을 하고, 왼쪽은 침실, 오른쪽은 방이어서, 앉아서 조망할 수 있고 기대어서도 마음껏 즐길 수 있습니다. 기와로 지붕을 이고 채색으로 그리니, 각자 그 빼어남을 보여주었습니다. 이것은 연못의 하찮은 참새가 간 것으로 붕새의 큰 세상을 보는 시야를 얻었다고[69] 할

---

69 이 구절은 적은 노력으로 큰일을 했음을 비유하는 말이다. 이 구절은《장자(莊子)》 '소요유(逍遙遊)'편에서 유래했다. "……작은 연못에 사는 참새가(붕새를) 비웃으며 말했다. '너는 어디로 가는 것이냐? 난 펄쩍 날아오르면, 몇 길을 못 가 내려오지. 그럴 땐 쑥 사이를 자유롭게 날아다니며 노닐지. 이 또한 진정으로 나는 것이지. 그런데도 너는 어디를 가는 것이냐'……"라고 했다. 원문의 척안(斥鷃)은 '척안(斥鷃)'으로, 작은 연못에 사는 참새를 말한다.

수 있습니다. 제가 지금 이 누대에서 지내보니, 비록 그 마룻대와 들보의 높이가 옛 누대의 3분의 1에 미치지 않고, 서북쪽의 산들도 온전히 드러나지 않지만, 저 푸르고 넓은 바다가 아득히 하늘에 닿아서 해가 물결 위로 솟고 달이 하늘에 떠갑니다. 이로 우리의 시야와 안석 사이로 문득 광한궁廣寒宮 같은 선계를 만듭니다. 그러니 원근에서 보는 사람들 가운데 누가 감히 우리의 누대가 작다고 할 수 있겠습니까? 빨리 먼지 속에 있는 상서尚書 성세창成世昌 선생의 옛 편액과 이언적 선생의 기문을 적은 현판을 찾아 털고 닦아서, 누대 앞에 높이 걸었습니다. 이 기문을 읽으니 계묘년癸卯年으로 된 것이 세 차례입니다. 선생께서 지금 저를 위해 이를 적어주십시오"

나 유한維翰은(청하에서) 가까운 곳에서 벼슬하다, 후侯의 편지를 받고 매우 기뻐 달려가서 보고 서서 탄식하며 말했다. 고을은 탄알같이 작고, 곳간은 현경懸磬 같이 비었다. 또 밭 가는 사람은 부역이 있음을 알지 못하고, 생선 파는 사람은 세금이 있는 줄을 모른다. 그런데도 이 누대가 어찌하여 세워질 수 있었는가? 곧 후의 청백淸白함이 만물을 비추어, 이미 바다와 달과 빛을 나누었기 때문이다. 밤에 누대에서 묵어보니, 이경二更에 하얀 달이 바다에서 나오자, 누대의 위아래가 아름다운 구슬로 이루어진 굴窟이 되었다. 여종에게 거문고를 타고 술잔을 돌리게 했다. 취기가 오르자 나는 이렇게 노래했다: 가없는 바다와 광활한 하늘, 밝은 달은 나오니 산하가 빛나네. 후가 누대에 올라 난간에 기대니, 허공에서 바람을 타고 나는 신선들 함께 하는 듯하네. 백성들 기뻐하며 웃음을 짓고, 후의 덕을 칭송하니 달이 와서 비추네. 달 속의 항아는 비파를 타고 수신水神 풍이가 춤을 추니, 누대는 오래도록 평안하고 즐거움은 영원하리. 누대에서 몇 보 떨어진 곳에는 새로이 물을 모아두고 연꽃을 심은 연못이 있다. 이는 후의 노력이고, 옛 기문에는 없어 함께 기록으로 남겨둘 만하다.(권용호 역.)

해월루를 중건하여 율시 한 수 짓고, 아울러 상량문을 붙이다.
[重建海月樓一律幷付上樑文]

이징복(李徵復, 1685~1755)[70] 《송암유고(松菴遺稿)》

華額曾留二字名	일찍이 편액에는 두 자의 이름 있었는데,
乾坤重見一樓成	건곤을 다시 보니 하나의 누각 세웠다네.
秋淸灝氣東南豁	맑은 가을의 호기가 동남으로 트였는데,
初夜圓光上下明	초야의 둥근 달 위 아래를 밝힌다네.
蓬島煙浮鰲影泛	안개 낀 봉도에 자라 그림자 있고,
桂宮霜重兎眠驚	월궁에 서리 내리니 졸던 토끼 놀라네.
鳳松秀色龍山景	봉송정의 아름다운 빛 용산의 정경인데,
千古長輪晦老評	천고의 장륜을 회재 노인이 평했다네.

上樑文[71]

下土任字牧之責, 旣有簿書鞅掌之嘆, 暇日取嘯詠之歡, 豈無樓亭宴息之所! 玆故, 滁陽之山水娛意, 永叔扁醉翁之亭; 洞庭之煙景爽襟, 希文著岳樓之記. 念玆海月樓淸勝, 久半風流宰咿唔. 鶴池西臨蒼壁, 挾抍川而後衛, 龍岫東望翠屛, 繞松亭而前遮. 海淵天低, 灝氣落來於几案, 月出雲捲, 淸光流照於簾櫳. 于斯時也, 詩樽夜開於曲欄, 不淺庾南

---

70 李徵復(이징복): 조선 후기의 문신이다. 자는 도심(道心)이고, 호는 송암(松菴)이다. 경종 원년(1721) 진사에 급제했다. 호조좌랑·당진현감·청하현감 등을 지냈다. 청하현감 시절 당대의 문장가였던 청천(靑泉) 신유한(申維翰)과도 교유했다. 시문집으로는 《송암유고(松菴遺稿)》가 있다.
71 이징복 현감의 해월루상량문이다.

樓之興; 歌扇畫掩於綺席, 好作謝東山之遊. 嗟一樓累閱於星霜, 而十架奄傾於風雨. 華礎飄零於鏡寺, 過客之口刺何無; 舊記穩藏於鶴山, 光賢之手澤難見. 清宵之海天寥廓, 縱云風景之不殊, 遺墟之曉月荒凉, 奈此遊賞之無所! 於是乎, 逮我縮縣章之日, 即有葺樓榭之心. 聚粮鳩財, 非昧邑力之不逮, 剔礎竪住要趁農務之有閒. 募良工而仍舊觀, 敢曰: "匹美於前輩." 登玆樓而望新月, 只欲暢懷於良辰. 肆將郎偉之短詞, 庸替匠師之善傾. 抛樑東, 蓬海仙岑眼底通. 宿霧初收波浪靜, 扶桑月上曉天紅. 抛樑西, 鶴盤遠勢歸長堤. 清溪水繞黃巖去, 六峴鬢鬠影不齊. 抛樑南, 半畝方塘一鑑涵, 迸笋向陽穿土早, 老槐排暑欲天參. 抛樑北, 白雲舒捲鎖金鶴, 山河毓出奇男子, 忠孝芳名大字刻. 抛樑上, 月榭風亭兩不讓, 太守乘春來去地, 野花山鳥入清賞. 抛樑下, 爭言華搆極蕭灑, 逍遙祇可談風月, 放浪何須近艷冶! 抛伏願, 上樑之後, 爰居爰處, 藍田之日我何妨, 一詠一觴, 蘭亭之勝遊可再. 海山入矚, 已幸舊樓之重成, 水月娛懷, 佇期清福之長享.

이 땅의 관리가 백성을 아껴야 할 책임을 지면서, 열심히 공무를 처리하다가 한숨 돌리거나, 한가한 날에 시 짓는 즐거움도 있어야 하니, 어찌 편히 쉴 누대가 없을 수 있겠는가! 이런 이유로 구양수歐陽修[72]는 저주滁州의 산수에서 마음을 즐겁게 하고자 편액을 취옹정醉翁亭[73]이라

---

72 歐陽修(구양수, 1007~1072): 북송(北宋)의 대신이자 문장가이다. 원문의 영숙(永叔)은 그의 자이다. 호는 취옹(醉翁)이다, 23살에 과거에 급제했고, 범중엄(范仲淹)과 개혁을 주도하다가 인종(仁宗)의 신임을 잃고 안휘성(安徽省)으로 좌천을 당했다. 이후 한림학사·추밀부사·참지정사 등의 요직을 지냈다. 당나라 때의 화려한 시풍을 반대하여 새로운 시풍을 열었으며, 시문(詩文)에서 송나라 문학의 기초를 확립하였다. 시문에 뛰어나 당송팔대가(唐宋八大家)로 꼽힌다. 작품으로는 〈취옹정기〉 등이 있다.

73 醉翁亭(취옹정): 북송(北宋)의 대신 구양수(歐陽修)가 저주지사(滁州知事)로 재임할 적에 취옹정(醉翁亭)이라는 정자를 짓고, 그곳에서 백성들과 함께 즐겁게 잔치를 벌

했고, 범중엄范仲淹[74]은 동정洞庭의 안개 낀 풍광에서 마음을 풀고자 〈악양루기岳陽樓記〉를 지었다.

해월루의 빼어난 풍광을 생각하며 멋을 아는 관리들은 오랫동안 시를 읊었다. [이곳의] 학지鶴池는 서쪽으로 푸른 절벽에 임하며, 냇가를 끼고 뒤에서 호위하고, 용수龍峀는 동쪽으로 푸른 병풍을 바라보며 소나무 정자를 둘러서 앞을 막는다. 하늘 낮은 해연海淵의 드넓은 기운이 책상에 와서 떨어지고, 달 나오니 구름 걷혀 맑은 빛이 주렴과 창에 비춘다. 이때, 밤에 시 읊는 자리를 굽은 난간에 마련하니, 남루南樓에서 노닌 유량庾亮(289~340)[75]의 흥취보다 낫고 노래·부채·그림이 비단 자리에 가려지니 마치 동산東山에서 유유자적한 사안謝安(320~385)[76]의 노님에 비견된다.

아! 한 누대가 세월이 쌓이면서, 열 개의 시렁이 비바람에 크게 기울어졌다. 화려한 주춧돌이 보경사에 날려 떨어져도 지나가는 나그네의 나무람은 어찌하여 없고, 옛 기록이 학산에 잘 간직되어도 현인의 손때 묻은 자취는 보기 어렵다. 고요하고 가없는 맑은 밤바다의 풍경은 어디서나 같고, 남은 터의 새벽달이 황량하다고 하여, 어찌 노닐고 감상하는 곳이 없을 수 있겠는가!

인 일을 기록한 〈취옹정기(醉翁亭記)〉를 모방하여 이름을 지은 것이다.

74 范仲淹(범중엄, 989~1052): 북송(北宋)의 대신이자 문장가이다. 북송 인종(仁宗) 때 족벌주의와 부패를 뿌리 뽑고, 백성들의 부역을 줄이며 과거제도를 개혁하려고 했다. 인종 경력(慶曆) 4년(1044) 친구인 등자경(滕子京)이 파릉군(巴陵郡)의 태수로 좌천되었다. 이듬해 등자경은 악양루(岳陽樓)를 중수하면서, 범중엄을 초빙하여 글을 부탁하는데, 이때 범중엄이 쓴 글이 바로 〈악양루기(岳陽樓記)〉이다.

75 남루에서 노닌 유량: 동진(東晉) 때의 유량(庾亮; 289~340)이 무창도독(武昌都督)으로 있을 때, 밝은 달밤에 부하들이 풍월을 즐기고 있는 명신(名臣) 남루(南樓)에 올라가서 주연을 함께하며 격의 없이 즐겼던 일을 말한다. 『세설신어(世說新語)』〈용지(容止)〉편에 보인다.

76 동산에서 유유자적한 사안: 동진(東晉) 때의 명신(名臣) 사안(謝安; 320~385)이 40여 세까지 은거하던 산으로, 당시 사안이 늘 내외자질(內外子姪)과 기녀들을 거느리고 동산(東山)의 별장에서 주연을 베풀고 풍류를 한껏 즐겼던 것에서 유래한 말이다.

이에 나는 고을을 다스릴 때 누대를 이으려는 마음을 가졌다. 식량을 모으고 자금을 준비함에 고을의 역량이 모자라는 것을 잘 알았기에, 주춧돌을 깎고 기둥을 세움에 농한기 때에 맞추고자 하였다. 훌륭한 목수를 모집하고 옛 모습을 그대로 따르도록 하면서, 감히 "앞선 어르신들께서 하신 것에 걸맞게 아름답게 지으라"라고 하였다. [이렇게 한 것은] 이 누대에 올라 새로 뜬 달을 바라보고, 좋은 날에 회포를 풀어보고자 할 따름이다. 외람되게 아랑위兒郎偉[77]의 짧은 노래를 가지고, 열심히 장인의 멋진 기울어짐을 바꿔본다.

들보를 동으로 던지니, 바다의 신선 산다는 봉래산이 눈 아래로 통하고, 머문 안개가 걷히자 물결이 고요하며, 부상扶桑에 뜬 달 새벽하늘에 붉다.

들보를 서쪽으로 던지니, 먼 곳의 도는 학이 긴 둑으로 돌아가고, 청계의 물은 황암을 돌아가며, 육현六峴의 산 그림자 빛은 변화무상하다.

들보를 남쪽으로 던지니, 반무半畝의 네모난 연못에 하나의 거울이 잠기고, 솟아오르는 대순은 햇빛 향해 일찍이 흙을 뚫으며, 수령 오랜 느티나무 더위 막아 하늘과 함께하려 한다.

들보를 북쪽으로 던지니, 일어 말린 흰 구름 금학산에 잠기고, 산하는 빼어난 남아를 길러내며, 충효의 아름다운 이름을 큰 글자로 새겼다.

들보를 위로 던지니, 바람과 달 아래의 누대와 정자가 서로 양보하지 않고, 태수는 봄에 이리저리 오가며, 맑은 들꽃과 산새를 감상한다.

들보를 아래로 던지니, 운치 있게 짓자고 다투어 말하고, 소요함에 풍월만 말할 수 있으며, 마음껏 돌아다님에 어찌 아름답고 화려함만 가까이할 필요가 있으리!

들보를 올리고 나서 삼가 여기 살고 머무름에 남전藍田의 형제가 지킨

77　兒郎偉(아랑위): '어기여차'의 의미로, 상량 작업을 하는 인부들의 노동요에 보이는 감탄사이다.

규약[78]을 내가 꺼리지 않게 하고, 시 한 수 짓고 술 한 잔 마심에 난정蘭亭[79]과 같은 승경에서 다시 노닐 수 있기를 바란다. 바다와 산이 자세히 눈에 들어오는 것은 옛 누대를 다시 지으려는 뜻을 이룬 것이고, 해와 달에 마음이 즐거워지고 가없는 복을 오래도록 누리길 기약해본다.(권용호 역)

여겸이 중수한 해월루 시에 차운하며
[次汝謙詠重修海月樓韻]

이징복(李徵復, 1685~1755)《송암유고(松菴遺稿)》

蓬海仙桑月上初	봉해의 신령한 부상에 달 처음 오르니,
海樓風景問何如	해루의 풍경을 무엇이라 물을까.
平開萬丈蛟人窟	교인의 굴 평평하게 만 길이나 열렸고,
轉出三淸玉女車	옥녀의 수레 삼청으로 전출하였네.
風檻爽涼鳴櫓外	노 젓는 소리 외에 바람은 상쾌한데,
夜窓虛白聽琴余	달빛의 야창에 거문고 여운을 듣는다네.
欲知華搆重修意	화려하게 얽은 중수한 뜻 알려하는데,
須見靑泉[80]續尾書	잠시 청천의 미서 이음을 본다네.

---

78 남전의 형제가 지킨 규약: 남전에 살던 여씨(呂氏) 4형제, 즉 대충(大忠)·대방(大防)·대균(大勻)·대림(大臨)이 같은 고을 사람들과 지키기로 한 네 가지 규약을 말한다. 즉 덕업을 서로 권면하며[德業相勸], 과실을 서로 바로잡아 주며[過失相規], 예의의 풍속으로 서로 사귀며[禮俗相交], 환란에 서로 구휼한다[患難相恤]는 것을 말한다. 사형제는 장재(張載)와 정자(程子)에게 배웠다고 한다. 『소학(小學)』(권6) 〈선행(善行)〉편에 보인다.

79 蘭亭(난정): 왕희지(王羲之)의 〈난정집서(蘭亭集序)〉에 "모춘(暮春)의 초엽에 회계산(會稽山)의 난정에 모여 계사(禊事)를 치렀다."라고 하였다.

80 靑泉(청천): 조선 후기의 문신이자 문장가인 신유한(申維翰)의 호이다.《해월루기(海月樓記)》를 지은 적이 있다.

해월루에서 진연(賑宴)이 끝나고 이상채의 시에 차운하며
[罷賑宴[81]次李相采[82]韻於海月樓]

이징복(李徵復, 1685~1755) 《송암유고(松菴遺稿)》

城西重築一高樓	청하읍성 서쪽에 다시 쌓은 높은 누대에,
官酒盈盈錯美羞	관가의 술 차고 맛난 음식 놓여있네.
歲月幾驚淹海國	해국에 머문 시간 동안 몇 번이나 놀랐고,
江山不願換公侯	강산은 공후가 바뀜을 바라지 않네.
三秋桂影淸宵色	삼추의 달그림자는 맑은 밤의 빛이고,
萬里鯨波白日眸	만 리의 큰 파도에 하얀 해를 보네.
賑罷游東樓又訖	진연(賑宴)이 끝나고 동쪽 누대 유람도 끝나니,
晚風歌管勸花籌	늦은 바람에 노래 부르며 술잔을 권하네.

해월루(海月樓)를 다시 낙성한 기(記) [海月樓重成記]

이징복(李徵復, 1685~1755) 《송암유고(松菴遺稿)》

吁, 淸之爲邑, 僻處河上, 不無山水之勝. 其至於樓亭之築 元無嘯詠
之所. 幾問諸故老, 考其邑誌, 則昔在嘉靖戊子年間有臨瀛閣, 未久旋
頹. 而厥後丁酉秋, 於縣城之西, 改築一樓, 扁之以海月. 蓋東海之東,
扶桑之上, 曉靄初收, 桂魄飛上, 而澄光已遍於樓上, 則海月之扁良以

---

81 賑宴(진연): 기근이나 흉년 등에서 백성들을 적극적으로 구휼한 것을 축하하기 위해
    여는 잔치를 말한다.
82 李相采(이상채): 조선 후기의 유학자이다. 자는 숙량(叔亮)이고, 호는 수졸재(守拙
    齋)이다. 어려서 당숙부 반와(盤窩) 이광진(李光震)의 문하에서 수학했다. 역학(易
    學)·주자서(朱子書)·초사(楚辭) 등을 탐독했고, 후진 양성에 힘썼다. 저술로는 《수졸
    재집(守拙齋集)》이 있다.

此也. 跨踞山腰, 高出城頭, 中面通望, 制度爽凱. 樓記則李晦齋製之,
樓額則成相國書之. 樓之勝, 記之詳, 筆之妙, 眞所爲一世之三絶也. 歲
月荏冉, 風雨溢霂, 不幸至於傾圮, 而不堪起居於斯. 故後之人, 移其材
瓦, 改構於舊址之下稍平之地矣. 年旣久而樓又破碎, 則椽桷歸於村爨,
石礎移於蕭寺. 坮址空虛, 衰箪蕪沒, 過客之咨嗟, 邑人之歎惜, 當如何
也. 最可惜者先正之遺記, 海東之名筆, 飄零於塵土, 湮沒而不傳, 豈非
文人筆士之所可深恨者耶. 不佞蒞玆邑, 越明年, 艱鳩財穀, 更謀新構,
而適値歉歲, 恐煩民力. 乘其農隙, 突兀眼前, 而晦齋之記, 成公之額,
得之於緇塵之間, 懸之於樓楣之上, 則樓之重成. 其亦似有待於今日者
也. 而第其制度之不欲穹崇, 丹膱之務從不侈者, 寧受後人拙陋之譏,
而要免儉歲濫費之責故也. 雖然海霧新霽月輪纔升, 而碧波湧金, 淸輝
入戶. 則于斯時也, 人在危樓, 愛而玩之, 奇身於淸高之域, 寓目於虛明
之境, 渺然離世絶俗, 如登蓬瀛, 使人胸次灑落査滓淨盡, 而本然之天
浩浩於襟靈, 則晦齋昔日之記, 諒非夸語也. 後來之人雖有樓成未高之
嘲 丹膱不佳之譏, □---□, 較諸黃岡竹樓之勝景. 滁陽醉翁之風致, 實
無讓於一頭地矣. 然則後之登玆樓而望海月者, 庶幾覽斯文而恕其拙矣
歲在赤兔 季冬上浣 德城主人記.

　아! 청하는 외진 곳의 강 위에 있어 산수가 빼어나지 않음이 없다. 그
곳에 누대를 짓게 된 것은 원래 읊조릴 곳이 없어서였다. 여러 번 어르
신들에게 묻고, 그곳의 읍지를 찾아보니, 옛날 명 가정嘉靖 무자년戊子年
(1528년)에 임영각臨瀛閣[83]이 있었는데, 오래지 않아서 무너졌다. 이후 정
유년(1537) 가을, 현성縣城의 서쪽에 누각 하나를 개축하여 편액을 '해월
海月'이라 했다. 대략 동해의 동쪽이자 부상扶桑의 위에서 새벽 안개가

83　임명각(臨溟閣)이 되어야할 것으로 보인다.

막 걷히고, 달이 날아오르면, 맑은 빛이 이미 누각의 위를 두루 비추니, 해월海月이란 편액은 실로 이로 말미암은 것이다. 산의 허리에 걸터앉고 높이 성 위로 나오는데, 가운데서 바라보면 그 모습이 탁 트이고 거침이 없다. 누대의 기문은 회재 이언적 선생이 짓고, 누대의 편액은 성세창 선생이 썼다. 누각의 빼어남, 기문의 자세함, 글씨의 오묘함은 실로 일세의 삼절三絶이다.

세월이 흐르면서 세찬 비바람에 불행히도 누대가 기울고 무너져서 이곳에 기거할 수 없게 되었다. 후인들이 그 재목과 기와를 옮겨서 옛 터 아래의 다소 평평한 땅에 다시 지었다. 시간이 오래되어 누대가 또 파손되고 부서지자, 서까래는 마을의 아궁이에 돌아갔고 주춧돌은 쓸쓸한 절로 옮겨졌다. 누대 터는 텅 비고 잡초만 우거져서, 지나가는 나그네는 탄식하고, 마을 사람들도 애석하게 여기니, 이를 어찌할 것인가! 가장 안타까운 것은 앞 현사들이 남긴 기문과 해동의 명필이 먼지 속을 전전하다 사라져서 전하지 않는 것이니, 어찌 문인과 문장들이 크게 한탄하지 않겠는가.

나는 이 읍에 부임한 지 한 해를 넘겼다. 나는 어렵게 재물과 곡식을 모아 다시 새롭게 지으려고 하였다. 그러나 마침 흉년을 만나서 백성들의 노동력을 쓰기가 부담스러웠다. 농한기를 틈타 눈앞에 우뚝 서게 하고, 회재의 기문과 성공成公의 편액을 쌓인 먼지 더미 속에서 찾아, 누대 문미의 위에 걸었다. 이는 누대를 다시 세운 것이니, 이 역시 오늘날에 갖추는 바가 있는 것이다. 다만 누대의 모습이 하늘로 솟지 않고, 단청丹靑도 사치스럽지 않은 것은 후인들에게 허름하다는 비난을 받을지언정 검소해야 할 때 낭비했다는 책임은 면하려 했기 때문이다.

비록 그러나 해무가 막 걷힌 후에 달이 떠오르면, 푸른 파도가 금빛을 일렁이고 맑은 빛이 가정에 들어온다. 이 무렵, 사람들은 높은 누대에서 즐겁게 구경하면서 맑고 고상한 곳에 몸을 맡기고, 눈은 밝고 아무것도 없는 경지에 맡긴다. 이는 아득히 세속을 떠난 것이 봉래산과 영주산을 오른 것과 같아서, 사람의 마음속 번뇌가 모조리 깨끗해지고, 본연의 천성이 마음을 넓게 만들어 준다. 이러하다면 회재의 옛 기문이 실로 자랑만은 아닐 것이다.

　뒤에 오는 이들 중에 누각이 높지 않다고 조롱하거나 단청이 아름답지 않다고 비난하는 사람이 있을 것이나, □--□, 황강黃岡의 죽루竹樓[84]의 빼어난 광경과 저양滁陽의 취옹醉翁[85]의 풍치와 비교하면, 실로 조금도 뒤지지 않을 것이다. 그래서 뒤에 이 누대에 올라 바다와 달을 바라보는 사람은 이 글을 읽고 그 졸렬함을 양해해주길 바란다. 정묘년(1747년) 계동季冬 상완上浣 덕성주인德城主人이 쓰다.(권용호 역.)

해월루 팔경 [海月樓八景] 8수

이징복(李徵復, 1685~1755)《송암유고(松菴遺稿)》

[鳳松曉月] 봉송림의 새벽달

蒼鱗赤甲迎長隄	푸른 비닐과 붉은 껍질이 긴 제방을 맞이하고,
丹穴奇毛夜夜棲	단혈의 기이한 털은 밤마다 깃드네.
一去千年雲影宛	구름 그림자처럼 한 번 가면 천년이니,
曉天晴月自高低	날이 밝고 맑은 달은 절로 높아지고 낮아지네.

84　竹樓(죽루): 대나무를 사용해서 지은 누각이다. 황강(黃岡)은 호북성(湖北省) 황주부(黃州部)에 있던 현 이름인데, 송(宋)나라 왕우칭(王禹偁, 954~1001)이 일찍이 그곳 태수(太守)로 있을 때에 황주의 명산(名産)인 큰 나무를 베어다가 기와 대신 그것으로 지붕을 덮어 누각을 짓고, 직접〈황주죽루기(黃州竹樓記)〉를 지어 그 사실을 자세히 설명하였다.

85　저양(滁陽)의 취옹(醉翁): 송(宋)나라 구양수(歐陽修)의 별호이다. 그가 저주 태수(滁州太守)로 좌천되어 나간 뒤에 그곳에 정자를 짓고 노닐면서 지은〈취옹정기(醉翁亭記)〉가 유명하다.

[龍齒晚霞] 용산의 저녁 물안개

秋山寂瀝菊兮凋	가을 산이 적막하고 국화가 시드는데,
孤鶩殘霞暎晚霄	외로운 집오리 지는 놀이 저문 하늘에 비치네.
飛過江城斜日紫	석양이 붉게 물든 강의 성을 날아 지나,
落來花谷影飄飆	꽃이 핀 골짜기에 내리니 그림자 나부끼네.

[釣鯨怒濤] 조경대의 성난 파도

香餌何年釣巨鯨	달콤한 미끼로 언제 큰 고래를 낚았던가,
古台人去怒濤聲	옛 누대의 사람은 가도 노한 파도 소리 그대로네.
淸秋鬐鬣如掀動	맑은 가을 말갈기는 들어서 움직이는 듯하니,
竄浦帆檣怕易驚	포구에 정박한 배들이 몸을 떨며 놀라네.

[鶴峰歸雲] 호학봉(呼鶴峯)의 돌아오는 구름

鶴峰偃蹇高人如	학봉의 높음은 고상한 사람 같고,
水北今空處士慮	강북 쪽의 처사는 지금 부질없이 걱정하네.
但有白雲閑自在	그저 홀로 유유자적 흐르는 백운이 있고,
慕天歸影捲還舒	하늘의 달그림자 보니 말렸다가 펴지네.

[上坪牧笛] 상대리 들판의 목동의 피리소리

長郊草色綠如紗	성 밖의 초색은 비단 같이 푸르고,
微雨凍風昨夜過	어제 밤엔 약간의 비에 차가운 바람 지나갔네.
何處笛聲飄一關	어딘 가의 피리 소리는 관문으로 날려가고,
牧童牛背半披簑	목동은 소등을 타고 도롱이 반만 걸쳤네.

[介浦漁謠] 월포(月浦)의 고기 잡는 노래

霜楓葉脫露兼枯	단풍나무 잎이 떨어지고 갈대가 시드는데,

明滅村灯半夜孤　　깜박깜박 마을의 등불이 한밤중에 외롭네.
風送漁歌秋色晚　　늦은 가을빛에 어부 노래 바람에 실려가고,
沙浦長渚月彎弧　　모래 포구 긴 물가에 달이 환히 비치네.

[桃山夕烽] 도리산의 저녁 봉수
桴鼓夜閑豕不奔　　북과 북채는 밤에 한가하고 돼지는 달아나지 않고,
寒天塵霽雁無喧　　차가운 날 먼지 사라지고 기러기는 울지 않네.
平時未必憂邊警　　평소에는 변경의 방비를 걱정할 필요 없고,
一矩猶明海防塔　　한 지역이 오히려 바다 방어 돈대를 밝힘이라.

[松郵暮烟] 송라도찰방 역촌의 저녁밥 짓는 연기
蒼松村落繞郵烟　　푸른 소나무 우거진 마을엔 역참의 연기 감싸고,
春草郊原馹騎喧　　봄 꽃 핀 들관엔 역마 타는 소리로 소란스럽네.
夕林孤煙青一帶　　푸른 이 일대의 저녁 숲의 외로운 연기를,
晚風吹散到黃昏　　저녁 바람이 황혼가로 불어가네.

청하현에서 해월루 시에 차운하며 [清河縣, 次海月樓韻] 7수

심사주(沈師周, 1691~1757)[86] 《한송재집(寒松齋集)》(권2)

[鳳松曉月] 봉송림의 새벽달

---

86 沈師周(심사주): 조선 후기의 문신이다. 본관은 청송(靑松)이다. 자는 성욱(聖郁)이
　　고, 호는 한송재(寒松齋)이다. 부친은 상의원첨정(尙衣院僉正) 심정협(沈廷協)이고,
　　효종의 외증손이다. 여러 번 과거에 실패하여 영조 15년(1739년) 49세에 음보(蔭補)
　　로 의릉참봉이 되었다. 이후 의금부도사·호조좌랑·전주부사 등을 역임했다. 일찍이
　　영덕에 큰 기근이 들었을 때 전심전력으로 수많은 백성을 구휼했다. 문집으로는 《한
　　송재집(寒松齋集)》이 있다.

古縣東頭亘大堤　고현의 동쪽은 큰 둑에 이르고,
千株松老淡雲棲　천 그루의 노송 엷은 구름 속에 깃들었네.
鳳凰一去空滄海　봉황이 떠나자 창해는 비고,
寒籟翛翛[87]小月低　찬 소리는 서늘하고 달 작고 나지막이 떴네.

[鯨臺怒濤] 조경대의 성난 파도
怒濤掀動泪鯤鯨　솟구치는 거센 물결은 큰 물고기를 잠기게 하고,
萬里滄溟霹靂聲　만리 창명은 천동 소리를 내네.
玉壘[88]雪山紛起伏　옥루 설산이 잇따라 오르락내리락 하니,
馮夷[89]徒宅祝融[90]驚　수신 풍이는 그저 집에만 있고 축융은 놀라네.

[鶴峰歸雲] 호학봉의 돌아오는 구름
初如蒼狗復衣如[91]　처음에는 푸른 개 같다가 다시 옷과 같아서,
或作藩籬處士廬　처사가 사는 오두막의 울타리가 되기도 하네.
去向蓬萊應五色　봉래로 가니 다섯 가지 색에 호응하고,
泰堦長與瑞暉舒　크고 긴 섬돌이 길한 빛과 함께 펼쳐지네.

[上坪牧笛] 상대리 들판의 목동의 피리 소리
騎犢閒閒下岸沙　느릿느릿 송아지 타고 모래 언덕에서 내려오니,

---

87 翛翛(소소): 서늘함을 형용하는 말이다.
88 玉壘(옥루): 중국 사천성(四川省) 성도(成都) 서북쪽에 있는 설산(雪山)을 말한다.
89 馮夷(풍이): 전설 속에 나오는 황하(黃河)의 신 하백(河伯)을 가리키기도 하고, 수신
    (水神)을 총칭하기도 한다.
90 祝融(축융): 중국 신화 전설에 나오는 불의 신이자 남쪽의 신이다.
91 蒼狗復衣如(창구복의여): 구름이 빠르게 변화함을 나타내는 말이다. 이 구절은 두보
    (杜甫)의 가탄시(可歎詩)에서 "하늘의 뜬 구름 흰 옷 같았는데, 잠시 뒤 변하여 푸른
    개 되었구나(天上浮雲似白衣, 斯須改變成蒼狗)"라고 한 것에서 유래했다.

相親鷗鷺不驚過	가까운 갈매기와 해오라기도 놀라 지나가지 않네.
一聲孤笛斜陽落	외로운 피리 소리 한 가락 석양에 떨어지고,
煙際依依見短蓑	모락모락 피는 연기 사이로 짧은 도롱이가 보이네.

[介浦[92]漁謠] 월포의 고기 잡는 노래

寒汀風起荻蘆枯	차가운 물가에 바람 일면 갈대는 마르고,
泛泛漁舟落日孤	해질 무렵 외로운 배는 둥실둥실 떠다니네.
隔岸清謠相與答	맞은편 언덕에서 부르는 노래에 서로 답하고,
帶魚腰索[93]似垂弧	물고기 묶은 허리 줄은 쳐진 활과 같네.

[桃山夕烽] 도리산의 저녁 봉수

悠悠邊日自西奔	아득한 지평선 가의 해는 서쪽으로 지고,
耿耿寒烽海不喧	환한 봉화 차가워지니 바다는 시끄럽지 않네.
寥廓百年氛祲遠	백 년 동안 적막하고 요상한 기운은 멀어지니,
戍兒吹笛倚荒墩	수자리 서는 아이 황량한 돈대에 기대 피리 부네.

[松郵村煙] 송라도찰방 역촌의 마을 연기

松下煙生古驛村	소나무 아래의 연기 옛 역 마을에 오르고,
寂寥墟落絶人喧	적막한 옛터엔 시끄러운 사람의 소리 끊겼네.
低飛曖曖[94]滄溪上	차가운 시내 위를 어둑어둑 낮게 날고,
仍雜山霏作夕昏	산의 구름과 섞이어 저녁을 만드네.

92　介浦(개포): 월포(月浦)의 옛 이름이다.
93　腰索(요삭): 물체의 허리 부분을 묶거나 동이거나 하는 데 쓰는 새끼나 끈을 말한다.
94　曖曖(애애): 날이 어둑어둑한 것을 말한다.

해월루에서 노이 윤지증과 이별의 말을 나누며
[*海月樓與尹魯以之曾敍別*] 1782년(壬寅)

이학해(李學海, 1748~1814)[95] 《나천가헌(羅泉家獻)》(권1)

驪駒[96]催發酒頻斟	검은 말 길 재촉하니 수시로 술을 따르고,
其奈離愁抵夜深	밤 깊어지면 이 이별의 근심을 어찌할까나.
千里偶逢滄海畔	천리 길 가다 우연히 창해 가에서 만나,
五年相得故人心	5년 동안 친한 벗 되었네.
繙書[97]評畫団樂會	즐겁게 모여 책 읽고 그림 평했으며,
臨水看山漫浪[98]吟	강물을 대하고 산을 보며 자유로이 읊었네.
依舊吳州[99]猶有月	오주의 달은 옛날 그대로이겠고,
憶君淸範好開襟[100]	흉금 털어놓은 그대의 순수한 뜻을 생각하네.

---

95 李學海(이학해): 조선 후기의 학자이다. 본관은 안산(安山)이다. 자는 지중(至仲)이
    고, 호는 나천(羅泉)이다. 부친은 훈련원주부(訓鍊院主簿)를 역임한 이태희(李泰禧)
    이고, 아들로는 이효상(李孝相)과 이교상(李敎相)이 있다. 문집으로는 《나천가헌(羅
    泉家獻)》이 있다.

96 驪駒(여구): 털빛이 검은 말을 말한다.

97 繙書(번서): 책을 펼쳐서 읽는 것을 말한다.

98 漫浪(만랑): 자기 마음대로 함을 말한다.

99 吳州(오주): 원래는 중국 강소성(江蘇省) 양주(揚州)를 말한다. 이곳은 중국 강남(江
    南) 문화의 중심지로, 풍경이 아름답고 유구한 역사를 갖고 있다. 이곳에서는 두 사
    람이 만난 곳을 아름다운 오주에 비유한 것으로 보인다.

100 開襟(개금): 가슴 속에 품은 생각을 털어놓음을 말한다.

청하 사군 사능 이정간이 해월루에서 자리를 마련해 한 잔 하며
'등'자를 얻어서 [清河李使君事能正幹設酌于海月樓得燈字]

이효상(李孝相, 1774~?)《일재유고(逸齋遺稿)》

安得長煎不盡燈	어찌 등을 오래도록 다 태우지 못하나,
與君無事此閒登	일 없어 그대와 한가로이 여길 오르네.
樓臨滄海達風度	창해에 임한 누대는 풍도가 생기고,
客自曲江明月乘	곡강에서 온 나그네는 밝은 달빛을 타네.
人世居諸薄如紙	사람 사는 세상은 종이처럼 얇고,
官家杯酌冷於氷	관가에서 따르는 술 얼음보다 차갑네.
醉後遽然[101]塵夢覺	취한 후 순간 세속의 꿈을 깨달으니,
却疑身在碧雲層	몸은 층층의 벽운 속에 있는 것 같네.

해월루 시에 차운하며 [次海月樓韻]

김재윤(金在玧, 1808~1893)[102] 《운고집(雲皐集)》(권2)

斗如之邑城西樓	국자 같은 읍성의 서쪽에는 누대가 있고,
興廢千秋與政修	천추의 성쇠는 훌륭한 정치와 함께 하네
萬斛滄溟登額闊	누대에 오르니 만곡의 창명 광활하고
一輪淸影緗簾浮	둥근 맑은 그림자가 주렴 위로 떠오르네.

---

101 遽然(거연): 깊이 생각하거나 느낄 겨를도 없이 갑작스러운 것을 말한다.

102 金在玧(김재윤): 조선 후기의 학자이다. 본관은 김해이고, 청하면 소동리에서 출생했다. 자는 우홍(宇洪)이고, 호는 운고(雲皐)이다. 어려서 영민했고 경사(經史)와 제자서(諸子書)들을 두루 탐독했다. 정재(定齋) 선생의 문하에 들어가 견문을 넓혔고, 과거시험에 미련을 두지 않았다. 한때 청송 진보에 살았으나 만년에 고향에 돌아와 살면서 시문을 지으며 후학교육에 전념했다. 저술로는《운고문집(雲皐文集)》이 있다.

曜明君子虛靈界 　군자는 공허한 세계를 밝게 빛내고,
疏暢詩人氣色秋 　시인은 처량한 가을과 소통하네.
緣此爲邦何足有 　이를 따라 나라를 위하면 뭣이 필요하리,
臨軒快遣退公愁 　동헌에서 즐거이 보내니 공무의 근심 물러가네.

덕성의 해월루 벽에 있는 시를 차운하며 [德城海月樓板上韻]

김재찬(金在燦, 1811~1888)[103] 《서계문집(西谿文集)》(권1)

大海東頭倚小樓 　동쪽 바다 가에 의지한 작은 누대,
玉山[104]遺筆[105]備增修 　훌륭한 이들 남긴 글을 더 늘여 갖추네.
官閒松盎依簷睡 　울창한 소나무 속 관원은 한가로이 처마에 기대 자고,
地闃[106]蓬雲近檻浮 　적막한 땅의 구름은 난간 가까이 떠다니네.
靜夜一天渾是水 　고요한 밤하늘은 온통 물이고,
淸風五月爽如秋 　5월의 맑은 바람은 가을처럼 상쾌하네.
使君不是遊觀役 　사군은 보고 노는 일을 해서는 안 되니,
疏暢民間溢目愁 　백성들과 소통하고 매일 근심해야 하리.

---

103 金在燦(김재찬): 조선 후기의 유학자이다. 본관은 광산(光山)이다. 자는 찬옥(贊玉)
　　이고, 호는 서계(西谿)이다. 조부는 김성열(金星說)이고, 부친은 김도진(金道振)이
　　다. 젊어서 유심춘(柳尋春)의 문하에서 공부했다. 문장으로 명성이 있었으나 과거에
　　실패하자 학문에만 뜻을 두었다. 경전(經傳)과 성리서(性理書)를 탐독하면서 후진
　　양성에 힘을 다했다. 향년 78세로 세상을 떠났다. 저서로는 《태극도(太極圖)》·《태극
　　서명연주(太極西銘演註)》·《서계집(西谿集)》 등이 있다.
104 玉山(옥산): 외모와 풍채가 빼어나게 아름다운 사람을 비유적으로 이르는 말이다.
105 遺筆(유필): 죽은 사람이 생전에 써서 남겨 놓은 글씨를 말한다.
106 地闃(지격): 땅이 고요한 것을 말한다.

해월루 중수 시를 차운하며 [次海月樓重修韻]

류진성(柳晉成, 1826~1894)[107] 《동계문집(東溪文集)》(권1)

海月留人近海樓	바다의 달 사람에 머물러 바다의 누대 가깝고,
新欄舊制更增修	새 난간을 하고 옛 모습 다시 더 꾸몄네.
煙光今古長留在	연무와 빛은 고금에 오래도록 남아있고,
山勢東南半落浮	동남의 산세 반을 차지했네.
酒力醒時迎素夕	술기운 깼을 때 새벽을 맞이하고,
詩歌和處誦明秋	시가 조화로운 곳에서 밝은 가을을 노래하네.
幾多美人文章手	얼마나 많은 훌륭한 이들 직접 글을 지었던가,
莫使姮娥[108]夜夜愁	항아로 하여금 밤마다 걱정하지 말게 하여라.

---

107 柳晉成(류진성): 조선 후기의 유학자이다. 본관은 문화(文化)이다. 자는 응휴(應休)
   이고, 호는 동계(東溪)이다. 경상북도 영덕(盈德) 삼계리(三溪里)에서 태어났다. 조
   부는 유종인(柳宗仁)이고, 부친은 유치목(柳致穆)이다. 당시 이름난 선비들과 교유
   하면서 학문에 힘썼고, 인척 중에 가난한 사람이 있으면 솔선수범하여 도와주었다.
   후에 수직(壽職)으로 가선대부(嘉善大夫) 동지중추부사(同知中樞府事)에 제수되었
   으나 사양했다. 문집으로는 《동계선생문집(東溪先生文集)》이 있다.

108 姮娥(항아): 중국 고대 신화에서 달 속에 있다는 선녀를 말한다. 여기에서는 달을 말
   한다.

청하 해월루 중수운을 차운하며 [次淸河海月樓重修韻]

이규일(李圭日, 1826~1904)[109] 《사류재선생문집(四留齋先生文集)》(권1)

大海東頭一小樓　동해 큰 바다의 작은 누대 하나,

前人經紀[110]後人修　전인들이 짓고 후인들이 돌보네.

低簷恰受斜光徹　낮은 처마는 마침 석양 빛 잘 통하고,

短檻能客遠景浮　나그네 짧은 난간에서 떠다니는 먼 경관 볼 수 있네.

坐看扶桑三百尺　앉아서 300척의 해 뜨는 부상을 보고,

呼來桂魄[111]萬千秋　만 천추의 계백을 불러오네.

眼界[112]通時通政化　안목이 넓어질 때 정치의 교화가 통하니,

臨民何有察眉愁　백성들에 임함에 어찌 눈앞 근심을 살핌이 있으리.

덕성의 해월루에 올라서 [登德城海月樓]

류시봉(柳時鳳, 1869~1951) 《외산문집(畏山文集)》(권1)

前度幾言此一樓　지난번에 이 누대를 몇 번이나 말했고,

倚欄窓却道途修　난간 창에 기대니 도리어 길은 머네.

胸呑東海鯨波闊　가슴으론 거친 파도 일으키는 동해 고래 삼키고,

---

109 李圭日(이규일): 대한제국시기의 관료이다. 본관은 경주(慶州)이다. 자는 경장(暻長)
이고, 호는 사류재(四留齋)이다. 경상북도 경주 출생이다. 부친은 이작우(李作雨)이
다. 철종 1년(1850년) 증광시에 병과로 급제하여 승문원부정자가 되었다. 사간원정
언·황산현령·사헌부장령 등을 역임했다. 만년에는 향리에서 후진 양성에 힘썼다. 저
서로는 《사류재집(四留齋集)》이 있다.

110 經紀(경기): '돌보다' 내지 '가꾸다'의 의미이다.

111 桂魄(계백): 계수나무가 있는 달이라는 뜻으로, 달을 달리 이르는 말이다.

112 眼界(안계): 눈으로 바라볼 수 있는 범위를 말한다.

頭戴中天兎影¹¹³浮　머리론 달 떠다니는 중천을 이네.

有感孱孫¹¹⁴來四月　유약한 자손들 4월 오는 것에 느낌 있고,

無邊雲物自千秋　가없는 구름 빛깔은 천추에서 말미암네.

斜陽獨對蓮塘水　해 저물녘에 홀로 연꽃 핀 저수지를 대하고,

喚起當年句裏愁　옛날에 지은 시구 속의 근심을 환기해보네.

해월루를 노래하며 [題海月樓]¹¹⁵

縹緲城西小一樓　아득한 성 서쪽의 작은 누대 하나,

百年今日喜重修　백년의 오늘에 중수함을 기뻐하네.

飛簷直對蓬山廻　나는 처마는 봉산을 곧장 마주하고 돌고,

曲檻平臨柱殿浮　굽은 난간은 바르게 기둥 세워진 전에 임해 떠있네.

千里淹留還望遠　천리 멀리 머물다 돌아와 멀리 바라보고,

一遵從倚更逢秋　한번 가서 쫓으니 다시 가을이라네.

夜來瀲灩銀波漲　밤이 오니 물이 넘치고 은빛 파도가 일어,

洗盡天涯倦客愁　하늘가 모두 씻고 지친 나그네는 시름에 겨워하네.

---

113 兎影(토영): 달을 말한다.

114 孱孫(잔손): 가냘프고 약한 자손을 말한다.

115 이 시는 『일월향지(日月鄉誌)』〈해월루(海月樓)〉조에서 발췌하였다. 시의 저자를 밝히지 않아 누구의 시인지 알 수 없다. 하지만 첫 수는 김명연의 '해월루 중수 시'(139쪽 참조)와 유사하다.

1. 해월루(海月樓) 관련 시문

해월루에서 달을 보며 [海月樓看月]

석천인(釋天因) 《동문선(東文選)》 (제6권)

西風蕭蕭天氣涼	서쪽 바람이 쓸쓸하여 기운은 찬데,
南樓獨坐心悠然	남쪽 누각에 홀로 앉았으매 마음이 슬퍼지도다.
忽看海月上雕檻	문득 보니 바다 달이 아로새긴 난간에 오르니,
四虛晃朗開陰煙	사방 허공이 빛나고 밝아 음침한 연기를 걷도다.
初疑坐我銀色界	처음에는 내가 은빛깔 세계에 앉았나 의심하였더니,
又恐飛上玉壺天	다음에는 옥호천에 날아 올랐나 두려워했다.
泠泠沆瀣淸入骨	차갑고 산뜻하여 푸른 기운이 뼛속에 드니,
一洗百慮塵勞緣	이 세상 백 가지 티끌 인연을 씻는다.
此樓得月都幾時	이 누대가 달을 얻은 지 얼마인지 모르지만,
四時月照何曾偏	네 철의 달이 어찌 다르게 비치랴마는.
皆言月色秋更好	모두 말하기를 달빛은 가을에 더욱 좋다 하는데,
風磨露洗添淸姸	바람이 갈고 이슬이 씻어 더욱 맑고 고와라.
誰知桂魄元不死	누가 알랴 계수 넋은 원래 죽지 않아서,
照來照去無窮年	비춰 오고 비춰 가기 무궁한 세월일세.
君看海月千古唯一色	그대는 보라, 바다 달이 천고에 오직 한 빛인 것을,
淸白本是吾家傳[116]	맑고 깨끗함은 본시 우리 집에서 전해오는 것이다.

---

116 淸白本是吾家傳(청백본시오가전): 한(漢)나라 사람 양진(楊震)이 말하기를, "내가 자손에게 재물을 주지 않는 대신 청백리(淸白吏)의 자손이란 명예를 전하여 주리라." 하였다. 대대로 청백한 것을 청백전가(淸白傳家)라 한다. 여기서는 달의 청백함을 사람의 청백에 비유하였다.

해월루(海月樓) 중수(重修)시[117]

김명연(金明淵)[118]

縹緲城西小一樓	아득히 성의 서쪽 작은 한 누대
百年今日喜重修	백년 지나 오늘 기쁘게 중수하네
飛簷直對蓬山逈	높은 처마 바로 멀리 봉산을 마주하니
曲檻平涯倦客愁	물가의 난간에서 지친 길손이 근심하네

이익영(李翼榮)[119]

百年海月有名樓	백년 세월 바다와 달이 명루를 두니
幾度前人記重修	앞 사람이 몇 번이나 중수기를 지었나
眼豁東南千頃碧	눈이 동남으로 열리니 천 이랑 바다이고
身淸三五一輪浮	몸이 한밤에 맑으니 달이 하나 떠오르네
登臨何處非佳景	올라 임해 어느 곳인들 아름답지 않으리
天地居然又仲秋	하늘과 땅은 어느 덧 또 가을이 한창이네
裘帶遺風吾敢擬	군수의 유풍을 내가 감히 모방하여
逍遙日夕暫忘愁	밤낮으로 소요하며 잠시 근심을 잊노라

---

117 『영일읍지』에 실린 해월루 중수시에서 발췌하였다.
118 金明淵(김명연, 1753~?): 조선 후기의 문신으로 청하현감을 지냈다. 승정원일기에 의하면 순조 2년(1802) 1월 11일에 청하현감에 제수되었다.
119 李翼榮(이익영, 1765~?): 조선 후기의 문신. 자는 경지(敬之)이고 본관은 전주이며 이상중(李相重)의 아들이다. 1786년 식년시에 생원으로 합격하였으며, 성균관에서 공부하다가 원릉참봉으로 관직에 나왔다. 장악원 주부와 형조좌랑을 거쳐 청하현감과 함흥판관 등의 외직을 맡았다. 청하에는 1804년에 부임하여 1808년에 부친상으로 사직할 때까지 재직하였다. 청하면행정복지센터 마당에 선정비가 있다.

東近蓬瀛十二樓	동으로 봉영의 십이루가 가까워
姮娥呈媚靚粧修	솟는 달이 아름답게 단장을 하여라
無邊元氣多疎洩	가없는 원기는 많이 트이고 새며
不盡淸光自躍浮	다함없는 청광은 절로 뛰고 뜨네
簾捲三更明似晝	삼경에 주렴을 걷으니 낮 같이 밝고
欄深五月爽疑秋	오월에 난간이 깊으니 가을처럼 시원하네
俄然捧出扶桑日	갑작스레 부상에 해가 솟아올라
照破人間永夜愁	세상의 긴 밤 근심을 비추어 깨뜨리네

---

120 朴民淳(박민순): 조선 후기의 문신으로 청하현감을 지냈다. 승정원일기에 의하면 순
　　조 10년(1810) 10월 26일에 청하현감에 제수되고, 3년 4개월 후인 1814년 3월 6일
　　울산군수로 승진되어 갔다. 내연산 연산폭포 옆 바위에 이름이 새겨져 있다.

2. 육청헌(六淸軒)[121] 관련 시문

육청헌六淸軒은 청하읍성 내에 있었던 관아이다. 현재 육청헌과 관련
된 기록은 남아있지 않아 자세한 상황을 알지 못한다. 다만 관아를 육
청헌이라고 명명하게 된 이유에 대해서는 청하현감縣監을 지낸 안석전
安錫佺의 기문記文을 통해서 알 수 있다.

기문에 의하면, '육청'은 여섯 가지 깨끗함 즉, '시청時淸'·'하청河
淸'·'관청官淸'·'심청心淸'·'풍청風淸'·'수청睡淸'을 말함을 알 수 있다. 이후
육청헌은 일제 강점기인 경술국치 때 철거되었다고 전한다.

육청헌 관련 시는 몇 수 남아 있지 않지만 청하읍성에 육청헌이라는
관아가 존재했다는 점에서 주의 깊게 봐야 할 시이고, 안석전의 기문
과 함께 보면 더욱 좋을 듯하다. 다만 현재 시의 저자인 이정간李正幹·
이정규李正規·이정복李正腹의 생몰연대와 시들의 출전을 정확하게 파악
할 수 없다는 점은 아쉬움으로 남는다.

---

121 청하읍성 내 현감의 집무실인 동헌(東軒)의 이름이다. 안석전 현감의 기문에 의하면
본래 칠정헌(七政軒)이라 하였는데, 안 현감 본인이 6가지가 맑다(時淸而河淸官淸
而心淸風淸而睡淸, 시절이 맑고 물이 맑으며 관정이 맑고 마음이 맑으며 바람이 맑
고 잠이 맑다)는 뜻으로 육청헌(六淸軒)으로 고쳤다고 한다.

안석전(安錫佺)[122] 현감의 육청헌(六淸軒) 기문

余以不才遭遇昇平, 叨守淸河邑. 小事簡, 終日寂如也. 公堂之額舊以
七政. 余又命曰六淸. 客有過余者問之. 余曰時淸而河淸, 官淸而心淸,
風淸而睡淸. 客曰吾入境知政淸也, 並於此六以擬七事之數可乎? 余曰
是則吾何能也? 客去而蟬聲滿樹, 小軒微涼. 枕几而臥, 不知庭陰之改也.

내가 재주 없는 몸으로 태평시대를 만나 외람되이 청하읍 작은 일을
맡으니 종일 적적하다. 공당의 편액을 옛날에 칠정七政이라 하였는데
내가 또 명하여 육청六淸이라 하였다. 객이 나에게 들러서 묻는지라, 내
가 "시절이 맑고 물이 맑으며 관청이 맑고 마음이 맑으며 바람이 맑고
잠이 맑다." 말하니, 객이 "내가 이 고을에 드니 정치가 맑은 줄을 알겠
으니 이 여섯을 아울러 일곱 일로 하는 것이 가하지 않을까?" 하였다.
내가 "이것에 내가 어찌 능하겠는가?" 하였다. 객이 떠나가고 매미소리
나무에 가득한데 작은 헌이 조금 서늘하여 안석을 베고서 누우니 뜰의
그늘이 바뀜을 알지 못하였다.[123]

---

122 安錫佺(안석전): 조선 후기의 문신이다. 본관은 순흥(順興)이다. 자는 여화(汝華)이
고, 호는 사오당(四吾堂)이다. 영조 26년(1750년)에 식년시에 합격했고, 청하현감·호
조좌랑·공조좌랑 등을 지냈다. 《승정원일기》에 의하면, 영조 49년(1773년) 12월 22
일에 청하현감으로 부임했다.
123 『영일읍지』에서 발췌하였다.

육청헌정당을 노래하며 [題六淸軒政堂][124]

梅花嶺外路依依　매화 핀 고개 밖의 길은 그대로이고,
記得前年擁雪歸　전년에 눈을 안고 돌아왔음을 기억하네.
誰識南州緣太重　누가 남쪽 고을과의 큰 인연을 알리오,
今淸河是舊軍威　지금 청하는 옛날 수군의 위엄이 있다네.

竹符[126]同省亦感榮　부절 찬 원님과 같이 살핀 것도 영광인데,
何況他鄕遇弟兄　하물며 타향에서 형제까지 만났으니.
縣號家風相不負　현 이름과 가풍은 서로 어긋나지 않고,
山河分得一盤淸　산과 강은 광활하고 맑게 나눠졌네.

重茸衙軒舊制同　대나무 겹겹이 둘러싼 아문은 옛 제도와 같고,
始知感毁屬天公　근심과 슬픔은 하늘에 달렸음 이제야 아네.
莫言此役民無擾　이번엔 백성들을 어지럽히지 않겠다고 말하지 마오,
終愧江陵反火風　결국 강릉에 불 바람 거꾸로 붊에 부끄러워할 것이오.

---

124 이 시는 이정간(李正幹)이 저자로 되어있는데, 시의 정확한 출처를 알 길이 없다. 이
　　곳의 시는 『일월향지』의 〈육청헌정당(六淸軒政堂)〉조에서 인용한 것이다.
125 순조 25년(1825) 12월 23일 청하현감으로 부임했다.
126 竹符(죽부): 죽사부(竹使符)의 줄임말이다. 지방관으로 나가는 사람이 차는 부절(符
　　節)을 말한다. 이는 지방 고을의 수령이 되었음을 말한다.

2. 육청헌(六淸軒) 관련 시문

육청헌(六淸軒) 시

이정간(李正幹)

三槐亭畔六淸軒　　삼괴정 언저리에 육청헌이 있으니
先祖遺風此地存　　선조의 유풍이 이 땅에 존재하네
百五十年多感舊　　백오십 년 세월 옛날 생각 많으니
常時掾吏亦雲孫　　언제나 아전은 또한 후손이라네

梅花嶺外路依依　　매화는 고개 너머 길에 피었으니
記得前年擁雪歸　　지난해 눈을 맞고 온 길을 기억하네
誰識南州緣太重　　남주와 인연이 중한 줄을 누가 알랴
今淸河是舊軍威　　지금의 청하가 곧 옛날의 군위[127]라네

竹符同省亦堪榮　　같은 곳에 관리 되어 영광을 감당하니
何況他鄕遇弟兄　　하물며 타향에서 형제로 만남에 있어서야
縣號家風相不負　　고을 이름과 가풍이 서로 저버리지 않으니
山河分得一般淸　　산하와 같은 맑음을 나누어 얻노라

重葺衙軒舊制同　　옛날 규모와 같이 관아를 중수하며
始知成毁屬天公　　성패가 하늘에 달린 것을 비로소 알겠네
莫言此役民無擾　　이 공사에 백성이 힘들지 않았다 말하지 말아라
終愧江陵反火風　　끝내 강릉에서 화풍을 돌린 것을 부끄러워하네

---

127 청하현감으로 부임하기 전 군위현감으로 근무했던 사실을 상기하는 내용이다.

육청헌에서 사군 이정간에게 주며 [六淸軒贈李使君正幹] 2수

이효상(李孝相, 1774~)《일재유고(逸齋遺稿)》

百里桃花縣	백리에 복사꽃 펼쳐진 마을,
三年柳柳州	오래도록 버들 핀 고을.
山南七十館	영남의 칠십 관청 중에,
海月獨名樓	해월루만 이름 있네.
十室雖云小	열 집이 작다 하나,
淳風古德州	순박한 풍기의 덕 있는 옛 마을이라네.
牛刀無一事	소 잡는 칼은 일이 없고,
山鳥下官樓	산새들은 관가의 건물에 내려앉네.

육청헌정당을 노래하며 [題六淸軒政堂][128]

이정규(李正規)[129]

吾祖絃歌地	내 조상께서 이곳을 노래하셨고,
肖孫復下車	그 닮은 후손이 다시 부임을 하였네.
百年遺愛在	백년 세월 끼친 사랑 남아 있고,
五袴[130]至今譽	바지 다섯 벌 입게 해준 일 지금도 칭송되네.

---

128 이 시는 이정규(李正規)가 저자로 되어있는데, 시의 정확한 출처를 알 길이 없다. 이
   시는 『일월향지』의 〈육청헌정당(六淸軒政堂)〉조에서 인용한 것이다.
129 이정규와 이정리는 현감 이정간의 형제인 듯하다.
130 五袴(오고): 다섯 벌의 바지라는 의미로, 고을 수령이 정사를 잘하여 백성들이 부유
   해진 것을 말한다.

不有先人蔭	선인의 음덕이 있었던 것도 아닌데,
何由吉慶余	어찌 길한 경사가 있는 것일까.
喜君能善継	기쁘게도 그대 능히 잘 다스리니
嘉績一如初	뛰어난 치적이 선조와 다르지 않다네.

육청헌정당을 노래하며 [題六淸軒政堂]¹³¹

이정복(李正腹)

槐陰淸覆六淸軒	느티나무의 푸르른 그늘은 육청헌을 덮고,
手撫銅章¹³²感慨存	구리 관인을 만지니 감개함이 느껴지네.
莫道宰官身偶爾	어쩌다 재관이 되었다 말하지 마소,
百年流澤見諸孫	백년을 전해진 은택이 후손에게 드러났다오.

山氓海戶得因依	산과 바다의 주민들 그 내력을 알고,
氷蘗家風可共歸	얼음과 움 같은 가풍은 함께 따를만하네.
拔薤己聞歌龔遂¹³³	풀 뽑으며 도적 잡은 공수(龔遂)의 노래 듣고,
誦敎那復壓蘇威¹³⁴	외우기만 하니 어찌 소위를 압도할 수 있으리.

---

131 이 시는 이정복(李正腹)이 저자로 되어있는데, 시의 정확한 출처를 알 길이 없다. 이 시는 『일월향지』의 〈육청헌정당(六淸軒政堂)〉조에서 인용한 것이다.

132 銅章(동장): 지방 수령이 차는 구리로 된 관인(官印)을 말한다. 동부(銅符)라고도 한다.

133 龔遂(습수): 공수(龔遂)로 의심된다. 한(漢)나라 선제(宣帝) 때의 발해태수(渤海太守)를 지냈다. 흉년이 들었을 때 부임하여 백성들을 기아에서 구해내고, 칼을 차고 다니는 사람을 만나면 그 칼을 팔아서 소를 사도록 시켰다고 전한다.

134 蘇威(소위): 수(隋)나라 때의 대신이다. 수 문제(文帝) 때 대리경(大理卿)·어사대부(御史大夫) 등을 지냈다. 수 양제(煬帝) 때도 중용되어 한때 양제와 함께 고구려 원정에도 나서기도 하였다.

遙臨槊戰荷先榮　　　멀리 전장에서 창에 임하여 선영을 책임질 것을,
書道吾家兩兄弟　　　서신으로 우리 집 두 형제에게 말하네.
聞說同年魚不恣　　　그해 고기 잡음에 방자하지 않음을 들으니,
玉仁單及海波淸　　　옥 같은 인자함은 푸른 바다 파도에 버금가네.

小縣衙成舊廈同　　　작은 현의 관아는 옛 큰집 같고,
不擾民力是爲公　　　백성의 힘 소모하지 않음은 공 때문이네.
區區[135]拙毀無長策　　　서툴고 부족한 이 사람에겐 좋은 계책 없으니,
他日須資郢石風　　　타일에 영 땅의 돌 바람에 의지해야 하네.

---

135 區區(구구): 겸양어로, 자기 자신을 지칭할 때 쓰는 말이다.

3. 그 외 다른 건물 관련 시

청하 서헌을 노래하며 [題淸河西軒] 2수

현감 김자연이 다시 지었는데 전망이 탁 트여있다(縣監金自淵重新, 極爲敞豁)

어득강(魚得江, 1470~1550)[136] 《관포선생시집(灌圃先生詩集)》

不廢何興毀可新	폐하지 않으면 어찌 흥하겠으며 헐어야 새로워지고,
官無大小在於人	관직은 높고 작음에 상관없이 사람에게 있다네.
屋成燕雀皆相賀	집이 지어지자 제비와 참새가 서로 축하하니,
如我何辭頌奐輪[137]	나는 어떻게 으리으리한 집을 노래할까나.

東閣直須未曙紅	동각에서 마냥 뜨지 않은 해를 기다리니,
蜃樓起滅鏡光中	거울 빛 속에 신기루 일어났다 사라졌다 하네.

---

136 魚得江(어득강); 조선 전기의 문신이다. 본관은 함종(咸從)이다. 자는 자순(子舜)이
고. 호는 자유(子游)·관포당(灌圃堂)·혼돈산인(渾沌山人)이다. 조부는 어효원(魚孝
源)이고, 부친은 어문손(魚文孫)이다. 성종 23년(1492년) 진사가 되었다. 연산군 2
년(1496년) 식년문과에 병과로 급제하여 곡강군수(曲江郡守) 등의 외관직을 거쳐
1529년에는 대사간이 되었다. 문명(文名)이 있고, 특히 농담을 잘한 것으로 유명했
다. 문집으로는《동주집(東洲集)》이 있다.

137 奐輪(환륜): 집의 규모가 큼을 말한다. 진(晉)나라 문자(文子)의 집이 완공되었을 때,
대부(大夫)인 장로(張老)가 그의 으리으리한 규모를 보고 "아름답다. 높고 크며, 멋
있다. 없는 게 없네(美哉輪焉, 美哉奐焉)"라고 했다. 이 이야기는《예기(禮記)·단
궁하(檀弓下)》에 보인다.

主人獨愛西淸坐　　주인은 유독 서쪽에 가만히 앉아 있음 좋아하여,
只爲吟頭對鶴峯　　학봉을 대하며 머리 싸매고 읊조리기만 하네.

감회를 서술함에 청하 동헌 시에 차운하며
[述懷, 用淸河東軒韻]

김극성(金克成, 1474~1540)[138]《우정집(憂亭集)》(권3)

五更歸夢燭花殘　　새벽에 꿈에서 깨니 등촉은 꺼져가고,
安用他鄕作好官[139]　어찌 타향에서 높고 중요한 벼슬을 하리오.
天外夕嵐飛鳥倦　　하늘밖엔 저녁 아지랑이 날리고 지친 새들 나는데,
馬頭新雪數峯寒　　말 머리의 새로운 눈에 뭇 봉우리들 차가워지네.
男兒志節空危苦　　사내대장부의 지절은 부질없이 위태하고 쓰라리니,
宦海波瀾更淼漫[140]　관가에서 이는 파도는 더욱 아득하고 끝없네.
顔巷[141]邵窩[142]閒日月　안연(顔淵)과 소강절(邵康節)처럼 일월을 받아들이니,
世人誰識此中寬　　세상 사람들 중에 누가 이 속의 여유로움 알까나.

---

138 金克成(김극성): 조선 전기의 문신이다. 본관은 광산(光山)이다. 자는 성지(成之)이
　고, 호는 청라(靑蘿)·우정(憂亭)이다. 조부는 김중로(金仲老)이고, 아버지는 진사 김
　맹권(金孟權)이다. 연산군 2년(1496년) 생원시에 장원하고, 1498년 별시 문과에 장
　원으로 급제했다. 경상도관찰사·대사헌·이조판서·우의정 등을 역임했다. 한미한 집
　안 출신으로서 매사에 신중하고 자세했으며, 세 번이나 예조판서를 지낼 만큼 문장
　에 뛰어났다. 저서로《우정집(憂亭集)》이 있다.
139 好官(호관): 높고 중요한 벼슬자리를 말한다.
140 淼漫(묘만): 강이나 바다 따위가 끝없이 넓음을 말한다.
141 顔巷(안항): 안자누항(顔子陋巷)의 줄임말로, 궁벽한 시골살이를 의미한다. 공자(孔
　子)의 수제자인 안연(顔淵)은 벼슬하지 않고 시골에 있어 집이 매우 가난했으므로
　빈궁한 것을 가리킨다.
142 邵窩(소와): 송나라 사람 소강절(邵康節)이 거처한 안락와(安樂窩)를 말한다. 그는
　이곳에서 일생동안 부귀공명을 초월하여 유유자적한 삶을 살았다고 한다.

청하성에서 바다를 보며 [淸河城觀海]

박세정(朴世貞, 1492~1552)[143] 《한와와문집(閒臥窩文集)》 (권1)

滄溟極目浩無窮   넓고 무궁한 창명을 끝까지 보니,
較似丈夫局量洪   도량이 넓은 대장부와 같아지네.
秋水[144]逍遙[145]差可誦   〈추수〉와 〈소요〉편 골라 읊을 만하니,
南華老仙[146]筆力雄   남화노인 장자(莊子)의 필력 대단하네.

청하 동헌 시에 차운하며 [次淸河東軒韻]

송순(宋純, 1493~1582)[147] 《면앙집(俛仰集)》 (권1)

城荒樹老邑居殘   오래된 나무 우거진 황폐한 성의 주민들 해를 입고,

---

143 朴世貞(박세정): 조선 중기의 학자이다. 본관은 밀양(密陽)이다. 호는 한와와(閒臥窩)이다. 중종(中宗) 때 사헌부집의(司憲府執義)를 역임했다. 시문집으로는 《한와와문집(閒臥窩文集)》이 있다.

144 秋水(추수): 《장자(莊子)》 외편(外篇)에 나오는 편명이다. 본편은 하백(河伯)이 황하가 범람하는 가을 홍수를 본 뒤 북해약(北海若)과 나누는 문답으로 시작하는데, 귀천(貴賤)과 대소(大小)의 차이를 떠나고 스스로의 작은 지견(知見)을 버려야 함을 강조한다.

145 逍遙(소요): 《소요유(逍遙遊)》를 말하는 것으로, 《장자(莊子)》 내편(內篇)에 나오는 편명이다. 본편은 구속이 없는 절대의 자유로운 경지에서 노닐 것을 강조한다.

146 南華老仙(남화노선): 중국 전국(戰國) 시대 송(宋)나라의 사상가인 장자(莊子)를 말한다. 장자는 이름이 주(周)이다. 그가 지은 《장자》는 당나라 현종(玄宗)이 천보(天寶) 원년(742년)에 이를 숭상한다는 의미로 책이름을 《남화진경 南華眞經》또는 《장자남화경 莊子南華經》으로 바꾸었다. 이때 장주에게도 남화진인(南華眞人)이라는 존호(尊號)를 붙였다.

147 宋純(송순): 조선 전기 때의 문신이다. 본관은 신평(新平)이다. 자는 수초(遂初) 또는 성지(誠之)이고, 호는 기촌(企村) 또는 면앙정(俛仰亭)이다. 증 이조판서 송태(宋泰)의 아들이다. 중종 14년(1519년) 별시문과에 을과로 급제했다. 승문원권지부정자를 시작으로 경상도관찰사·사간원대사간 등을 역임했다. 인품이 너그럽고, 음률에 밝아 가야금을 잘 타서 풍류를 아는 재상으로 불렸다. 문집으로는 《면앙집(俛仰集)》이 있다.

興廢相因閱幾官　흥망이 서로 이어짐에도 관리 몇 명이 검열했던가.
珍重聖心留字撫　성심을 귀히 여겨 몇 글자 남겨 위무하다,
蹉跎[148]民命轉飢寒　때 놓쳐 백성들을 굶주림과 추위에 빠뜨리네.
分憂曾乏涓涘補　근심을 나눔에 물방울 같은 작은 도움 부족하니,
抱病空嗟道里漫　병을 안고 먼 길과 마을에서 부질없이 탄식해보네.
人事未孚天惜雨　사람의 일이 참되지 않으니 하늘이 비를 아끼고,
三春閔意賴誰寬　삼춘의 가련한 뜻을 누구에게 의지하여 풀어보나.

청하 공관에서 호남으로 귀성 가는 최삼계를 보내며 [德城[149]公館送崔三溪歸省湖南]

황응청(黃應淸, 1524~1605)[150] 《대해선생문집(大海先生文集)》(권1)

將謅歸意忙　돌아갈 뜻 급히 고하니,
白雲鄕社[151]遙　백운 속 향사당은 멀어지네.
逢君更何夕　그대 다시 만날 날 언제인지,

---

148 蹉跎(차타): 시기를 놓친 것을 말한다.
149 德城(덕성): 청하(淸河)의 옛 이름이다.
150 黃應淸(황응청); 조선 중기의 문신이다. 본관은 평해(平海)이다. 자는 청지(淸之)이
　고, 호는 대해(大海)이다. 부친은 황우(黃瑀)이다. 임진왜란 때 권율(權慄)의 종사관
　으로 공을 세우고 참판(參判)에 오른 황여일(黃汝一)이 조카이고, 병자호란 때 의병
　으로 활동한 황중신(黃中信)이 손자다. 명종 7년(1552년) 임자(壬子) 식년시(式年
　試)에 진사(進士) 2등 12위로 합격했다. 선조 27년(1594년) 장원서별좌(掌苑署別坐)
　에 제수되었을 때 4가지 시폐를 개진하자, 왕이 가납하여 진보현감(眞寶縣監)을 제
　수하였다. 문집으로는 《대해집(大海集)》이 있다. 현종 12년(1671년) 평해의 명계서
　원(明溪書院)에 제향되었다.
151 鄕社(향사): 향사당(鄕社堂)으로, 향당(鄕黨)의 나이 많은 어른들이 모여서 향중(鄕
　中)의 여러 일들을 의논하거나 향사(鄕射: 향원들이 서로 편을 갈라 활쏘기 재주를
　겨루는 의식)·독법(讀法: 향민을 모아 놓고 법령을 읽어 알리는 의식)을 하며 향안(鄕
　案)을 보관하고 삼향임(三鄕任: 좌수·좌별감·우별감)이 상시 근무한 청사를 말한다.

縶馬永今朝	말을 매어놓고 오늘 아침만이라도.
北海莊秋月	북쪽 바다에는 가을 달 장엄하고,
南江看夜潮	남쪽 강에서는 밤의 조수를 보네.
欲行客中別	길 떠나는 나그네와 이별하는데도,
征節動飄蕭	정벌의 깃발은 쓸쓸히 펄럭거리네.

청하 객관 시에 차운하며 [次淸河客館韻]

이춘영(李春英, 1563~1606)[152] 《체소집(体素集)》

譙櫓[153]欹傾雉堞殘	기운 문루에 무너진 허물어진 성가퀴,
上樓相對但蒼官	누대에 올라 그저 소나무와 대할 뿐.
前山過雨煙光薄	앞산에 비 지나가 연무 빛 희미하고,
別浦多風海氣寒	바람 많은 포구엔 바다 기운 차갑네.
頻喚酒杯樽釀盡	수시로 술잔 부르니 술통의 술 다하고,
試題詩句壁塵漫	시를 지으려니 벽 속의 먼지 흩어지네.
東來惆惆愁無緒	동쪽으로 오니 울적해 두서없이 근심하니,
今日羈懷一半寬	오늘 나그네 회포 반이나 풀었으려나.

---

152 李春英(이춘영): 조선 중기의 문신이자 문장가이다. 본관은 전주(全州)이다. 자는
    실지(實之)이고, 호는 체소재(體素齋)이다. 조부는 이미수(李眉壽)이고, 부친은 이윤
    조(李胤祖)이다. 성혼(成渾)의 문인이다. 선조 23년(1590년) 증광문과(增廣文科)에
    병과로 급제했다. 검열과호조좌랑·예천군수 등을 지냈고, 시문에 능했고, 《해동사부
    (海東辭賦)》에 그의 작품이 실려 있다. 저서로는 《체소집(體素集)》이 있다.

153 譙櫓(초로): 문루(門樓)를 말한다.

청하 동헌을 노래하며 [題淸河東軒]

심동구(沈東龜, 1594~1660)[154] 《청봉집(晴峯集)》(권2)

五斗[155]功名薄	미약한 공로는 보잘 것 없고,
荒城草樹間	황량한 성은 풀과 나무 사이에 있네.
酸寒不足道	시고 찬 것은 말하기에도 부족하고,
策應[156]未全閑	적절히 대응하느라 한가할 겨를 없네.
海味長腥鼻	바다의 맛은 오래도록 코를 비리게 하고,
鄕愁漸損顔	고향 걱정에 점차 얼굴을 떨구네.
天涯三節序	하늘가 세 명절은 차례로 오니,
何日出荊蛮[157]	언제 이 궁벽한 촌을 벗어날 수 있을까.

---

154 沈東龜(심동구): 조선 중기의 문신이다. 본관은 청송(靑松)이다. 자는 문징(文徵)이고, 호는 청봉(晴峰)이다. 개국공신 심덕부(沈德符)의 후손이다. 조부는 목사 심우정(沈友正)이고, 부친은 판서 심집(沈諿)이다. 광해군 7년(1615년) 진사가 되고, 인조 2년(1624년) 증광문과에 병과로 급제했다. 교리(校理), 종부시정 등을 역임했다. 언관 재임 때는 곧은 신하로 이름을 떨쳤고, 병자호란 때는 절의를 지켰다. 시문에 뛰어났다. 문집으로는 《청봉집(晴峯集)》이 있다.

155 五斗(오두): 동진(東晉)의 대시인 도연명(陶淵明)이 "나는 다섯 말의 쌀 때문에 고을의 작은 관리에게 내 허리를 굽힐 수 없다(我不能爲五斗米折腰向鄕吏小人)"라고 한 것에서 유래했다. 후에 '오두'는 얼마 안 되는 봉록을 이르는 말로 쓰인다.

156 策應(책응): 벌어진 일이나 사태에 대하여 알맞게 헤아려 대응함을 말한다.

157 荊蠻(형만): 예전에 중국에서 한족(漢族)의 문명을 받지 못한 민족들이 살던 양쯔강 이남의 땅을 이르던 말이다.

청하 사군 류도종과 성루에 올라 일출을 보며
[與淸河柳使君道宗[158]同登城樓觀日出]

권뢰(權瑹, 1800~1873)[159] 《용이와집(龍耳窩集)》(권1)

城角岑樓以勢成	성각에는 높고 당당한 누대가 세워졌고,
東頭滄海掌如平	동쪽 끝의 창해는 손바닥처럼 평평하네.
玄儀俄莫先天辨	오묘한 모습은 찰나에 선천적으로 알 길 없고,
紅暈微從恁地生	붉은 무리는 이러한 곳에서 생겨나네.
疑鏡塵磨初透色	먼지 닦은 거울처럼 바야흐로 색을 비추고,
似輪烟軋寂無聲	연무 속 수레바퀴는 고요히 소리 없이 올라오네.
蕭然敝屬隨朱紱	쓸쓸하게도 해진 신발은 붉은 인끈을 따르고,
千一河淸仰大明	천에 하나 있는 맑은 강에서 대명천지 우러러보네.

---

158 柳道宗(류도종): 조선 후기의 문신이다. 본관은 풍산(豊山)이다. 자는 주응(周應)이다. 부친은 류사목(柳思睦)이다. 순조(純祖) 14년(1814년) 갑술(甲戌) 식년시(式年試)에서 생원 3등(三等)으로 급제했다

159 權瑹(권뢰): 조선 후기의 학자이다. 본관은 안동(安東)이다. 자는 경중(敬中)이고, 호는 용이와(龍耳窩)이다. 부친은 권방렬(權邦烈)이다. 순조(純祖) 28년(1828년) 식년시(式年試)에서 진사에 급제했다. 문집으로는 《용이와집(龍耳窩集)》이 있다.

Ⅲ. 청하읍성, 시인 묵객들이 사랑하다

해운루를 노래하며 [題海雲樓]
청하현 경내에 있다(在淸河縣內)

심규택(沈奎澤, 1812~1871)[160] 《서호선생문집(西湖先生文集)》(권6)

佳麗淸河縣	곱고 아름다운 청하현,
高樓鎭一城	높은 누대가 성 전체를 압도하네.
碧雲欄外影	난간 밖에 드리운 벽운의 그림자,
滄海枕邊聲	베개 가에서 들려오는 바다 소리.
行役心初倦	길 가는 나그네의 마음 지칠 무렵,
登臨眼忽明	누대 오르니 갑자기 눈이 밝아지네.
長沙前夜宿	긴 모래사장 앞에서 하룻밤 묵고,
回首有余情	머리 돌리니 정이 넘쳐나네.

해운루기(海雲樓記)

성대중(成大中, 1732~1809) 《청성집(靑城集)》(권6)

海之有雲, 猶官之有丞也. 日月吐納而光輝生, 風雨震盪而変化見. 是
四物者, 皆於海有用, 而雲則無所與也. 然無雲則海之詭異眩耀之觀淺,
而日月之出, 風雨之変, 無爲之先導者, 雲之爲用大哉. 丞之於官亦然.
外無民社之責, 內無妻孥之養, 寄寓乎君牧之間, 强而謂之官耳. 然有

160 沈奎澤(심규택): 조선 후기의 학자이다. 본관은 청송(靑松)이다. 자는 치문(穉文)이
고, 호는 서호(西湖)이다. 부친은 심의생(沈宜生)이다. 오희상(吳熙常)·송치규(宋穉
圭)·홍직필(洪直弼) 등의 문하에서 수학했다. 경학에 힘써 《태극명의설(太極名義
說)》·《중용기의(中庸記疑)》·《대학서문분절(大學序文分節)》 등을 저술하였고 문집으
로는 《서호문집(西湖文集)》이 있다.

丞而後, 國之命令通. 而民社之職不廢, 故孔子以德之流行比之. 丞之
爲官, 顧不重耶. 李君徽之, 夙以明經擧, 歷試京職, 蔚有名譽. 出乃爲
祥雲丞, 祥雲東海之薄郵也. 君旣至, 詢事按籍. 喜曰是亦足以爲政矣.
乃起廢振乏, 專意脩擧, 治效日新, 民譽胥興. 而舊時館門偏隘, 不稱官
府之居. 君乃拓其制而樓之. 暇則與賓客之賢者宴遊, 而名之曰海雲樓,
蓋取其遠景也. 余惟東海之大而雲生乎中, 直一点之微耳, 及其行也,
籠蓋日月, 鼓起風雨, 彌六合而有余, 而東海不足大也. 故易曰: "雲雷,
屯. 君子以經綸." 今君之於世, 何異於点雲之在海哉. 然盡子之才, 以
治一郵, 則一郵受其惠. 進諸州縣則州縣受其惠. 官雖卑, 可以敵尊. 治
雖小, 可以喩大. 後雖有進於此者, 此實爲之兆也. 然則非丞之猶雲, 獨
子之丞猶之也. 夫用於不用, 乃爲妙用, 而卷舒行藏, 一於無心, 則用不
用不足言也. 是又君子之取諸雲也, 子其勉之.

　　바다에 구름이 있는 것은 관직에 승丞이 있는 것과 같다. 해와 달이
기운을 뿜고 마시면 빛이 생겨나고, 비와 바람이 흔들려 움직이면 변
화가 드러난다. 이 네 가지는 모두 바다에 쓸모가 있지만 구름은 더불
어 할 것이 없다. 그러나 구름이 없으면 바다의 특이하고 눈부신 광경
은 약해지는데, 해와 달의 출현과 비와 바람의 변화에 앞서 인도하는
것이 없기 때문이다. 이런 점에서 구름의 역할은 아주 크다. 승도 관직
에서 그러하다. 밖으로는 백성과 사직의 책무가 없고, 안으로는 처자식
을 봉양하지 않는다. 군주와 장관 사이에 처해있으니 억지로 관리라고
할 뿐이다. 그러나 승이 있어야 나라의 명이 잘 돌아간다. 백성과 사직
의 직무는 폐할 수 없기에 공자는 "덕이 퍼져 나가는 것이 파발마로 명
령을 전달하는 것보다 빠르다."[161]에 비유했다. 그러니 승이 관직이 되

---

161 이 말은 《맹자(孟子)》 '공손추상(公孫丑上)'편에 보이는데, "덕이 퍼져 나가는 것은 파

는 것이 중하지 않겠는가.

이군李君 휘지徽之는 일찍이 명륜과에 급제하고 여러 번 중앙관직의 시험에 응시하여 큰 명성을 얻었다. 지방으로 나와서 상운승祥雲丞이 되었는데, 상운은 동해의 작은 역참이다. 군은 이곳에 와서 일을 묻고 문서를 살피고서 기뻐하며 '이곳도 족히 다스릴 만하다.'라고 했다. 이에 무너진 곳을 일으키고 부족한 것을 구휼했다. 또 뜻을 수리하고 보충함에 두니 다스림의 효과가 날로 새로워졌다. 그러자 백성들이 서로 흥성함을 칭찬하였다. 다만 당시의 관아가 협소하여 관공서들이 있기에는 맞지 않았다. 이에 군은 그 규모를 넓히고 누대를 지었다. 한가할 때면 손님이나 현자들과 잔치를 하며 노닐곤 했는데, 이 누대를 해운루라고 한다. 대략 그 먼 풍경에서 이름을 취한 것이다.

나는 이렇게 생각했다. 구름은 큰 동해에서 생겨나는 한 점 하찮은 것에 불과하지만 그 움직임은 해와 달을 뒤덮고 비와 바람을 일으키니, 천지사방에 두루 미침에 남음이 있고 동해는 크다고 하기에 부족하다. 그래서 《주역》'둔괘屯卦'편에 "검은 구름과 우레 소리가 뒤섞여 어지러움은 처음 생성됨을 상징하니, 군자는 그것을 보고 험난한 초창기에 대사를 경영하고 다스림에 힘쓴다."라고 하였다. 지금 군이 세상에서 한 점 하찮은 구름이 바다에 있는 것과 무엇이 다르겠는가. 그대의 재주를 다하여 역참 하나를 다스리면, 역참 하나가 그 은택을 받을 것이다. 주와 현으로 등용되면 주와 현이 그 은택을 입을 것이다. 관직은 비록 낮지만, 높은 직위처럼 대할 수 있고, 다스림은 작지만 큰 다스림에 비교할 수 있다. 후에 이곳보다 더 높이 나아가더라도, 이는 실로 그 조짐이 되는 것이다. 그러니 승은 구름 같고 그대의 승이 이와 같아야 하지 않겠는가. 쓸모없음에 쓰이는 것이 절묘한 쓰임이니(사람

발마를 달려서 명령을 전하는 것보다 빠르다(德之流行, 速於置郵而傳命)."라고 했다.

이 처세함에) 잘되고 못됨이나 나아가고 물러남에 줄곧 마음을 비운다면, 쓰임과 쓸모없음은 말할 것이 없을 것이다. 이 또한 군자가 구름에서 취한 것이니, 그대는 자신을 갈고 닦으시라.(권용호 역)

IV. 청하읍성, 인문자원이 관광자원이다

1. 청하읍성 주변의 인문자원

　지금까지 600년 전에 축성된 청하읍성의 모습과 그곳에서 함께한 청하현감들의 발자취를 살펴보았다. 특히 겸재의 생애를 통해 진경산수화의 발현지가 된 청하읍성의 가치 또한 알아보았다. 그리고 많은 시인묵객들의 시를 감상하며 청하읍성의 당시 모습과 생활을 엿볼 수 있었다. 하지만 아쉽게도 현재 그런 모습은 남아 있지 않다. 장엄한 동해 일출을 바라보았을 누각들은 흔적도 없이 사라지고 한때 청하고을을 지키는 성벽을 이루었던 성돌들은 여기 저기 흩어지고 여느 민가의 담벽으로 전락했을 뿐이다. 아직도 얼마나 많은 돌들이 땅에 묻힌 채 발굴을 기다리고 있을지 모른다. 읍성 터에 학교가 자리잡고 관공서가 들어선 것을 다행으로 여겨야할까. 옛 성곽 형태가 53%나 남았다는 것은 복원하고자 하는 기대를 갖게 한다.

　하지만 청하읍성을 복원한다 해도, 그저 옛 모습 그대로 읍성 자체의 복원으로만 그쳐서는 안된다. 읍성복원을 통해 기존의 청하가 가진 매력이 살아나야 한다. 기존의 청하의 매력 또한 향후 복원될 읍성의 가치를 높여줄 수 있을 때, 제대로 된 복원이라 할 수 있다. 청하가 가진 매력 중 특히 청하읍성 주변의 인문자원을 살펴보는 일은, 600년이 지난 21세기에 청하읍성이 필요한 실마리를 찾는 일이기도 하다. 청하가 가진 읍성 주변의 인문자원을 역사유적, 불교유적, 민속유적, 관광자원, 지역축제 등으로 나누어서 살펴보자.

역사유적

용두리 고인돌군

용두리 용산(204m) 기슭에 있는 고인돌군을 말한다. 용산의 동쪽 지맥이 용두리 해안과 만나는 산자락, 용두리 마을 서편의 소나무 숲에 3기, 북편 능선 하단 평지에 4기 등 모두 7기가 있다. 서편 소나무 숲에 있는 것은 농지개간 등으로 원래 자리에서 옮겨진 것인데, 이 중 2호는 덮개돌 윗면에 30여 개의 성혈이 있다. 능선 하단부에 있는 것은 덮개돌의 크기가 대형으로 받침돌 4개가 확인된다.[162]

용두리 고인돌군. 용두리 마을 서편의 소나무 숲에 3기, 북편 능선 하단 평지에 4기 등 모두 7기의 고인돌이 있다.

신흥리 오줌바위 암각화

청하면 신흥리 남쪽 붓골, 속칭 화전바위와 오줌바위 근처 암반에 새

---

162 포항시사편찬위원회, 『포항시사』(하), 2010, 136쪽.

겨진 선사시대 암각화를 말한다.

이곳에는 인근 흥해 칠포리 암각화의 연장선상에 있으며, 별자리형 암각화와 윷판형 암각화, 고누형 암각화가 다수 확인된다.[163]

신흥리 오줌바위 암각화. 넓은 암반 위에 졸졸 흘러가는 물길을 보고 오줌바위라고 부르며 별자리형 암각화와 윷판형 암각화가 뚜렷이 확인된다.

고현리 고분군

고현리古縣里는 신라 때 해아현海阿縣의 현기縣基가 있었던 곳으로 곳곳에 산재해 있는 고분들이 이를 증명해 준다. 하방마을 뒷산(달봉산, 해발 60m) 일대에는 1백여 기 이상의 고분이 분포되어 있다. 형태는 장방형으로 연도가 있는 횡혈식석실분橫穴式石室墳이다. 이 고분에서는 높은잔, 목긴항아리, 목짧은항아리 등의 토기조각들이 채집되고 있다.[164]

163 위의 책, 153쪽.
164 위의 책, 201쪽.

청하향교

청하향교는 조선 태조 7년(1398년)에 서정리에 창건되었다가 숙종 39
년(1713년)에 현감 노세환盧世煥이 현청이 있던 현재의 덕성리로 옮기는
공사에 착수한 후, 숙종 42년인 1716년에 대성전大成殿, 명륜당明倫堂,
동재東齋, 천화루闡化樓, 신삼문神三門, 열호재悅乎齋 등을 완성하였다. 그
러나 일제강점기, 6·25전쟁 등을 거치는 동안 대부분 파괴되었으며, 근
래에 대부분 복원했다. 그러나 대성전 서편에 있었던 열호재는 화재로
소실된 후 복원되지 못했다.

청하향교. 조선 태조 7년(1398)에 서정리에 창건되었다가 숙종 39년(1713)에 덕성리로
옮기기 시작하여 숙종 42년(1716) 완성하였다. 일제강점기, 6·25전쟁 등을 거치면서 대부분
파괴되었으며, 현재 건물들은 근래에 대부분 복원했다.

현재 향교 입구에는 6.25전쟁 이후 새로 만든 하마비가 서 있으며,
〈대성전중수기大成殿重修記〉, 〈동재중건사실東齋重建事實〉, 〈천화루중건사
실闡化樓重建事實〉, 〈청하향교명륜당중수기문淸河鄕校明倫堂重修記文〉 외 9개

의 현판이 전하고 있다. 조선시대에는 봄, 가을 두 차례 제사를 지냈으
나 요즈음에는 8월 상정일上丁日에 인근의 여러 문중이 참여하여 석전
제釋奠祭를 지내고 있다.[165]

송라찰방도松羅察訪道 터

송라찰방도松羅察訪道는 청하면 덕천리에 있었던 종6품 찰방이 다스
렸던 경상도 관할 역을 말한다. 조선시대 영일권 도로의 중요지점으
로 역의 기능을 해온 곳은 6개소이다. 즉 흥해의 망창역, 영일의 대송
역, 장기의 봉산역, 청하의 송라역, 기계의 인비역, 신광의 육역을 말한
다. 이 가운데 가장 대표적인 역이 송라역이다. 현재의 덕천리에 있었
던 송라역은 영일지역 6역 가운데 유일하게 찰방이 다스린 도역道驛이
었다.

조선 태조 때 송라역에 역승을 두어 주위의 여러 역을 관장케 하였
다. 이후 역제의 개편으로 세조 3년(1457년)부터 역승驛丞을 찰방으로
개칭하기 시작한 세조 6년(1460년) 2월에 관계되는 14역을 합하여 송라
도松羅道라 칭하고 찰방察訪을 두어 다스리게 하였다. 역승이 종9품직이
고 찰방이 종6품직임을 상기할 때 역의 중요성이 그만큼 인식된 결과
일 뿐만 아니라 송라역이 그만큼 비중이 커지게 된 것을 의미한다.

따라서 송라찰방도는 조선시대 청하현을 상징하는 중요한 역사적 실
체로서 큰 의미를 지닐 뿐 아니라 영일권과 인근 지역의 교통중심지로
서 역할이 컸음을 알 수 있다.[166]

---

165 위의 책, 340쪽.
166 위의 책, 380-383쪽.

개포수군만호진기|介浦水軍萬戶鎭基

오늘의 경북 동해안 지역은 신라 때부터 왜구가 자주 출몰했기 때문에 이 지역을 국토방위의 전진기지로서 요새화 하고자 하는 꾸준한 노력이 있어 왔다. 옛 문헌에 기록되어 밝혀지는 청하의 개포介浦, 장기의 포이 포包伊浦, 영일의 통양포通洋浦, 흥해의 칠포漆浦 등의 수군진을 비롯하여 연안 각 고을의 여러 읍성, 산성이 이러한 노력의 결과이다.

개포수군만호진이 있었던 월포만. 개포(현 월포리 지역)의 지형은 U자 형태의 만으로 육지 안쪽으로 들어가 있고, 가장 깊숙한 안쪽은 조금 높은 언덕을 이루어 외적의 침입을 막기에 적합하였다.

영일만권의 수군진 설치는 일찍이 신라 때부터 비롯되어 고려, 조선 조를 거쳐 지속되었다. 가장 먼저 수군진을 설치한 곳이 청하의 개포(현 청하면 월포리 지역)이다. 개포의 지형은 U자 형태로 육지 안쪽으로 들어가 있고, 가장 깊숙한 안쪽은 조금 높은 언덕을 이루어 성과 진을 설치하여 외적의 침입을 막기에 적합한 곳이다.

일찍이 병선兵船을 배치했으나, 해문海門이 광활하기 때문에 항상 풍랑의 근심이 있어서, 영일현迎日縣 경계인 통양포通洋浦로 옮겨 배치했다.[167]

학산서원 터

학산서원鶴山書院은 포항시 북구 송라면 학산리(현 중산1리)에 있었다. 1692년(숙종18) 해남현령을 지낸 김석경金錫慶이 퇴임 후 귀향하여 지방 사림들과 함께 문원공 회재晦齋 이언적李彦迪을 봉향하기 위해 창건하였다. 1868년(고종 5)에 훼철되어 그 위폐를 서원 앞뜰에 매판埋板 하였다는데, 지금까지도 부락민들은 그 토총土塚을 '위패묘'라 부르고 있다. 서원 입구에 세워져 있던 하마비下馬碑가 남아 있다.

서원이 훼철되기 전의 모습을 남긴 기록으로는 청하 소동리의 선비 운고雲皐 김재윤金在玧

학산서원 터 하마비. 서원은 훼철되어 사라지고 입구에 세워졌던 하마비가 남아 있다.

(1806~1893)의 시와 중수기가 있다. 이 글에 의하면 학산서원의 강당은 돈교당敦敎堂이었으며, 재사는 주경재主敬齋와 사성재思誠齋, 문루는 중화루中和樓였다.[168]

167 『신증동국여지승람』, 권23.
168 김윤규, 『포항지역 서원의 어제와 오늘』, 포항문화원, 2019, 148쪽.

조경대釣鯨臺

청하면 용두리와 이가리 사이 해안에 위치한 바위절벽 위의 대이다. 『영일읍지』에 기록이 전하고, 조선시대 시인묵객들의 글이 전하는 것으로 봐서 오래 전부터 청하현의 명승지로 주목을 받았던 곳임을 알 수 있다.

조경대 전경. 청하면 용두리와 이가리 사이 해안에 위치한 바위절벽으로 조경대에 올라 사방을 조망하면 월포 10리 백사장과 이기포 연안 기암괴석이 흥취를 더한다.

『일월향지日月鄕誌』에는 "이 고봉은 해안에 솟아서 푸른 바다를 조망하는 남성적 풍모를 가지는데 조경대釣鯨臺라 한다. 동해의 푸른 바다에 솟는 해가 물에 비치면 붉은 빛을 드리우는 광경과 좌우 언덕의 기화요초가 사나운 바람을 맞아 움직이는 풍경은 가히 절경이다. 이 조경대에 올라 사방을 조망하면 월포 10리 백사장과 이기포二妓浦 연안 기암괴석이 한 흥취를 더한다. 조선시대 청하군수가 부임하면 으레 조경대의 풍경을 관상하였는데, 봄가을로 조경대에 와서 업무에 시달린 머리를 식히기도 하였다. 조선중기까지 누대가 있어서 백일장도 열었다고 전하는데, 이제는 그 초석도 찾을 수 없다."[169]고 하였다. 이 기록에 의하면 조선중기까지 조경대에는 누각이 있었음을 알 수 있는데, 이를 뒷받침하듯 어떤 청하현지도에는 조경대가 그려져 있다.(190쪽 참조)

도리산봉수대 터

도리산 봉수가 있는 곳은 송라면 화진리와 방석리 경계에 있는 봉화산(110m) 정상부이다. 기록상의 규모는 둘레 500척(151m), 높이는 12척(3.6m)이었다. 조선초에 설치되어 조선후기까지 운영되다가 고종 31년(1894)에 철폐되었다. 『신증동국여지승람』에 따르면 남으로는 흥해군 오산 봉수에 응하고, 북으로는 영덕현 황석산 봉수에 응한다.[170]

조선시대 도리산 봉수대에는 별장 1명이 봉수군 100명을 두고 5일마다 교대근무를 하였다고 한다. 현재는 군사시설로 사용되고 있다.

상덕사尙德祠와 죽림사竹林祠

유계리에 있으며, 수충양무원종이등공신輸忠揚武原從二等功臣 윤백주尹白胄(1692~1757)와 그의 아들인 분무원종이등공신奮武原從二等功臣 윤빈尹鑌(1725~1794)을 모신 사당이다.

윤백주의 자는 군석君錫, 호는 천와泉窩, 본관은 파평坡平으로 서계리에서 태어났으며, 숙종 29년(1720)에 무과에 급제하였다. 영조 4년(1728) 이인좌李麟佐의 난 때 순무사巡撫使 오명항吳命恒의 선봉장으로 출정, 난을 진압하는 데 크게 공헌하였으며, 이 공로로 수충양무원종이

---

169 박일천, 앞의 책, 69쪽.
170 『신증동국여지승람』, 권23.

등공신翰忠揚武原從二等功臣에 녹훈되었다. 영조 9년(1733)에 사도진수군
첨절제사蛇渡鎭水軍僉節制使로 2년간 재임한 후 고향에 돌아와 20여 년을
학문에 전념하다가 영조 32년(1757)에 별세하였다. 그가 세상을 떠나자
영조는 교지를 내려 사당(상덕사)을 짓게 하였으며, 1777년 병조참의兵
曹參議에 추증하였다.[171]

상덕사와 죽림사. 상덕사는 수충양무원종이등공신 윤백주를 모신 사당이며 죽림사는 그의
아들 분무원종이등공신 윤빈을 모신 사당으로 포항시향토문화유산에 지정되었다.

윤빈의 자는 광보光甫, 호는 일우一愚로 윤백주尹白冑의 셋째 아들이
다. 영조 27년(1751) 무과에 급제하였으며, 훈련원 주부主簿를 시작으
로 효력부위수문장效力副尉守門將, 가도사假都事 등을 지냈다. 영조 31년
(1755)에 함경도 일원에서 혜적이란 도적떼가 일어나 혼란에 빠졌을 때
원수元帥로 출정하여 토벌하였다. 이 공로로 분무원종이등공신奮武原從

171 영일군사편찬위원회, 『영일군사』, 1990, 987쪽.

二等功臣에 녹훈되었다. 이후 길주진첨절제사吉州鎭僉節制使, 방어사防禦使에 재임한 후 귀향하여 학문에 전념하다가 정조 18년(1794)에 별세하였다. 공이 세상을 떠나자 정조가 교지를 내려 사당(죽림사)을 짓게 하였다.[172]

상덕사와 죽림사는 함께 2019년에 포항시향토문화유산에 지정되었다.

효우려孝友閣

조선조 중종 때 사람으로, 청하 오두리에서 출생하였으며, 본관은 영천이다. 네 살 때 양친이 다 돌아가시고 어렵게 자랐다. 나이가 들어 부모님에 대한 정성을 못다 한 죄책감에 6년 동안 상복을 입었다.

효우려. 청하 오두마을 이원량의 효행과 우애를 기리는 비석이 전해오고 있으며 '孝友李元良之閣(효우이원량지려)'라 새겨져 있다.

---

172 위의 책, 988쪽.

그 후 친형이 한겨울에 풍병風病으로 사경에 이르자, 백사白蛇가 좋다
는 말을 듣고 백사를 찾아 헤매던 중 청하읍성 돌틈에서 기어 나온 뱀
을 잡아 생회를 만들어 먼저 맛을 본 다음 형에게 드리니 형의 창병瘡
病이 곧 나았다 한다. 나라에서 어모장군禦侮將軍을 제수하고 정문旌門했
으며, 1715년에 세운 효우려孝友閭가 남아있다.[173]

충효각忠孝閣

송라면 중산리 보경사 입구에 있는 경릉참봉 윤락尹洛의 정려각이다.
윤락의 자는 득중得中, 호는 동호東湖, 본관은 파평이다.

충효각. 송라면 중산리 보경사 입구에 있는 경릉참봉 윤락의 정려각이다. 흥해군수 성대중의
중수기가 남아 있다.

---

173 포항시·한동대학교산학협력단, 포항관내 충효열비 현황조사 및 원문번역 용역보고
　　서, 75쪽.

청하 금정리 출생으로 9세 때 부친상을 당하여 어린 나이에 여묘3년을 살았으며, 임진왜란을 당하여 왜병이 삼남지방을 침공할 때 주복야행晝伏夜行으로 왜적의 동정을 살피어 3회에 걸쳐 삼남지방 왜적의 동향을 조정에 보고하였고, 사재를 털어 내연산 골짜기에 보를 조성하여 하류의 농민들이 벼농사를 지을 수 있도록 했다. 흥해군수 성대중成大中의 중수기가 남아 있다.[174]

대전리 3·1의거기념관

1919년 3월, 청하·송라 지역에서 일어났던 독립만세운동에 앞장선 23인 중 14인의 송라면 대전리 출신 의사들을 기리는 현충시설이다.

대전 3·1의거 기념관. 1919년 3월, 청하·송라 지역에서 일어났던 독립만세운동에 앞장선 23인 중 14인이 송라면 대전리 출신이다. 이들을 기리기 위해 2001년에 건립하였다.

---

174 위의 책, 29쪽.

2001년 6월에 포항시가 3·1의거 당시 태극기를 제작하였던 송라면 대전리에 대전3·1의거기념관을 건립하였고, 2007년부터는 매년 3월 1일 이 사건의 근거지인 송라면 대전리에서 포항시 3·1절 기념식을 열고 있다.

여인의숲

포항시 북구 송라면 하송리는 천령산에서 발원하여 동쪽 바다 월포만으로 흐르는 청하천 북쪽에 형성된 마을이다. 옛날에 마을 주변에 송림이 많아 상류에서부터, 맨 위쪽을 상송上松, 중간을 중송中松, 가장 아래쪽을 하송下松이라 불렀다. 세 마을을 합쳐 삼송리라 불렀는데, 조선시대 삼송리에 역촌이 조성되고 번창함에 따라 숲의 훼손 또한 진행되었고 고종 때에는 훼손이 더욱 극심해 마을의 안위까지 걱정되기에 이르렀다. 이때 역촌에서 큰 주막을 경영하여 자수성가한 김설보 여사가 거액을 쾌척하여 숲 일원을 매입하여 느티나무, 쉬나무, 이팝나무 등을 심어 마을에 기증하였다 한다. 숲이 울창해지고 있을 때 홍수로 상류의 호룡골 저수지가 붕괴되어 마을 앞 하천이 범람한 일이 있었다. 이때 볏단이며 가구며 가축들은 물론 사람까지 급류에 떠내려가다가 숲에 걸림으로써 인명과 재산을 구하게 되었다고 하는데, 이에 연유하여 이 숲을 '식생이食生而숲'이라 불렀다 하고 조선시대 송라찰방도松羅察訪道의 직할역인 오역午驛으로 번성하였던 곳이어서 일명 오역숲으로도 불렀다고 한다.

마을 하나가 떠내려가는 큰 물줄기로부터 사람을 구할 만큼 여기 숲의 규모는 상당했을 것으로 짐작이 된다. 또한, 불과 반세기 전까지만 해도 해마다 숲에서 열리는 단오절 축제를 구경나온 어린이들이 길을 잃고 헤맬 정도로 숲의 규모는 거대했다고 전해진다. 하지만 그렇게 울창했을 숲의 규모는 많이 줄어든 채 현재 남아있다.

숲 한쪽에는 숲의 소중함을 알고 마을을 사랑하는 마음을 실천한 김설보의 공덕을 기리기 위해 제작한 기념비가 건립되어 있다. 2002년 6월 6일, (사)노거수회에서 숲 이름을 '여인의숲'이라 명명하고 현대식 기념비를 세웠다.

여인의숲 기념비. 숲을 조성한 청풍김씨 김설보 여사의 숲 사랑 정신을 기리기 위해 건립하였다.

여인의숲이 사랑스러운 가장 큰 특징은 상수리나무, 팽나무, 느티나무, 이팝나무, 쉬나무같은 활엽수가 주종을 이루고 있다는 것이다. 소나무가 주종인 대개의 마을숲과 달리 봄에는 여린 잎이, 여름에는 녹음과 더위를 식혀주는 큰 그늘이, 가을에는 주변 누른 벌판과 어울려 곱게 물든 모습이나 상수리나무에서 떨어지는 도토리와 도토리를 줍기 위해 바삐 움직이는 다람쥐들까지, 그리고 겨울에 잎을 다 떨구고 마른 나뭇가지들이 만드는 쓸쓸하고도 아름다운 풍경까지 계절마다 다른 아름다운 모습을 보여준다. 그 아름다움을 인정받아 2011년 생명의 숲과 산림청, 유한킴벌리가 공동으로 주최한 '제12회 아름다운 숲 전국대회'에서 공존상을 수상하였다.[175]

불교유적

보경사寶鏡寺

보경사. 신라 진평왕 때 대덕 지명이 중국 진나라에서 가져온 팔면보경을 내연산 아래 큰 못 속에 묻고 못을 메워 금당을 건립한 뒤 보경사라 하였다 한다.

대한불교조계종 제11교구 불국사의 말사이다. 진평왕 24년(602년) 진나라에서 유학하고 돌아온 대덕大德 지명智明에 의하여 창건되었다. 지

175 이재원, 포항지역학연구총서2 『포항의 숲과 나무』, 2020, 나루, 242-246쪽.

명은 왕에게 동해안 명산에서 명당을 찾아 진나라에서 유학하고 있을 때 어떤 도인으로부터 받은 팔면보경八面寶鏡을 묻고 그 위에 불당을 세우면 왜구의 침입을 막고 이웃나라의 침략을 받지 않으며 삼국을 통일할 수 있으리라고 하였다. 왕이 기뻐하며 그와 함께 동해안 북쪽 해안을 거슬러 올라가다가 해아현海阿縣 내연산 아래 있는 큰 못 속에 팔면경을 묻고 못을 메워 금당金堂을 건립한 뒤 보경사라 하였다 한다.

현존하는 당우로는 비로자나불을 모신 적광전, 석가모니불을 모신 대웅전을 중심으로 명부전, 산령각, 원진각圓眞閣, 팔상전, 영산전 등이 있으며, 중요문화재로는 원진국사비(보물252호)와 보경사승탑(보물430호), 괘불탱(보물1609호), 적광전(보물1858호), 비로자나불도(보물1996호), 서운암동종(보물11-1호) 등이 있다.[176]

원각조사비圓覺祖師碑

송라면 조사리에 있는 원각조사圓覺祖師를 기리는 비석이다. 원각조사의 속성은 김金씨, 휘는 마흘摩訖이다. 아버지는 김백광金白光, 어머니의 이름은 정덕淨德이다. 어머니가 해와 달의 빛을 품에 안아 잉태하여 고려 우왕 5년(1379) 2월 15일 조사리에서 태어났다.

일찍 부모를 여의고, 21세 되던 해 야성유씨野城劉氏와 혼인한 후 평범하게 밭 갈고 우물을 파는 백성들 속에 섞여 살았다. 집에서 가까운 보경사와 성도암成道庵(상송리 소재)에 가서 스님들과 불법을 토론하고 경전을 읽으면서 진리 탐구에 힘쓰는 한편 이웃 사람들에게 도담道談을 일러주면서 수행했다. 일기와 농사의 풍흉을 예측하는가 하면, 국가에 변란이 일어날 것을 예언하였다.

---

176 한국민족문화대백과사전(https://100.daum.net/encyclopedia/view/ 14XXE 0023204)

원각조사비. 원각조사의 속성은 김씨, 휘는 마흘이다. 출가수도한 일이 없으면서도 불법에 통달하였다하며, 원각조사비각이 있는 조사리는 조사가 태어난 마을이란 뜻이다.

81세 되던 1459년 6월 15일에 입적하였다. 출가수도한 일이 없으면서도 불법에 통달했으므로, 그가 임종하자 불자들이 불교의식으로 화장하고 사리를 상태사常泰寺(현 청계리)에 봉안하였으며, 원각조사圓覺祖師라는 칭호를 부여하게 되었다. 원각조사비각이 있는 조사리祖師里는 조사가 태어난 마을이란 뜻이다.[177]

민속유적

백계당白啓堂

대전리 백계당은 내연산 산신인 '할무당 할매'를 모시는 신당이다.

---

177 이삼우, 〈우리의 고향 청하〉, 『관송(觀松)』 창간호, 1986, 청하중학교, 30-31쪽.

내연산 산신을 모신 백계당. 내연산 북쪽자락인 포항시 북구 송라면 대전리 산령전 마을 뒤쪽 산기슭에 있다.

현 위치로부터 위로 약 2km 떨어진 내연산 문수봉과 삼지봉 사이의 할무당재에 있던 것을 1928년에 이건하였다고 한다. 이건 이전에 3차 례(1892, 1901, 1914) 중수한 기록이 있지만 창건 기록은 없다.

지금의 신당은 1960년 중건한 목조건물로 맞배지붕에 함석을 얹었다. 내부에는 할무당 석상이 있으나 제작연대는 알 수 없다. 1901년 쓰여진 「백계당중수기」에 신당 화재로 신위 위판과 청판, 방석이 탔으며 밤나무로 신위를 봉안하였다는 기록이 있는 것으로 보아 1901년까지만 해도 석상 없이 위패만 모셔왔고, 할무당 석상은 그 이후에 제작된 것으로 보인다.

백계당은 건축적 가치보다는 그 내부에서 전승되어오는 민간신앙이 중요한 의미를 가진다. 지리산이나 소백산, 금정산 등에서 보듯 여신을 신앙대상으로 모시는 곳이 많은데 백계당의 할무당 할매도 그 중의 하

나이다. 2016년에 포항시 향토문화유산 유형문화유적 제2016-05호로 지정되었다.[178]

중리마을의 석돈石豚

중리 석돈은 포항시 북구 송라면 중산1리(중리)에 위치하며, 풍수지리설에 따라 마을주민들이 돌로 만들어 세운 돼지석상을 말한다.

중리마을의 석돈. 마을 남쪽의 건지봉이 뱀 형상이어서 뱀의 독기가 마을에 미쳐 재앙이 일어나므로 이를 누르기 위해 뱀과 상극인 돼지 석상을 세웠다. 앞의 것은 암돼지로 1987년에, 뒤의 것은 수돼지로 1996년에 세웠다.

마을 남서쪽에는 천령산天嶺山의 한 지맥인 건지봉乾止峰(346m)이 솟아 있는데, 이 산의 형국이 사혈巳穴이라고 알려져 왔다. 1980년대 이 마을 청년들이 이유 없이 변을 당하는 등 재앙이 닥치자, 마을 어른들

---

178 박창원, 〈내연산 산령전 백계당 연구〉, 『동대해문화연구』12집(동대해문화연구소, 2008)(요약),

이 보경사 문수암의 어느 스님에게 그 원인을 물어 보았다. 스님은 건지봉이 사혈이라 뱀의 독이 마을에 미쳐 재앙이 일어난다 했다. 주민들이 놀라 그 처방을 물으니 뱀과 상극인 돼지의 석상石像을 만들어 세움으로써 뱀의 기운을 죽여야 한다고 하였다. 그래서 마을 사람들은 건지봉을 향하여 돼지 모양의 석수石獸, 즉 석돈를 만들어 세웠다.

돼지상을 세우고 난 후 신기하게도 마을의 재앙이 없어졌다고 하는데, 얼마 후 그 스님이 지나다가 돼지상을 보고는 돼지가 너무 작으므로 좀 더 큰 것을 세워야 한다고 하여 최근에 다시 전보다 크게 깎아 함께 세워 두었다.

중리마을의 석돈을 통해 돼지에 대한 의식의 일단을 엿볼 수 있다[179]

미남리 솟대

청하면 미남리 마을 가운데에 위치한 마을회관 마당에는 솟대가 하나 서 있다. 마을 서쪽과 남쪽에는 필미수筆尾藪라 부르는 송림이 길게 조성되어 있어서 마을의 경치를 돋보이게 하는데, 마을 입구가 트인 풍수상의 결함을 보완하기 위해 조성된 수구막이숲으로 100년 이상 된 소나무 수십 그루가 자라고 있다.

미남리 솟대. '배가 떠가는 형상'을 뜻하는 행주형(行舟形) 지세를 안정시키기 위해 마을 중앙에 솟대(짐대)를 세워두고 있다.

179 박창원, 『동해안 민속을 기록하다』, 민속원, 2017, 185-188쪽(요약).

예로부터 이 마을은 '배가 떠가는 형상', 즉 행주형국行舟形局'이라서 배가 떠내려가는 것을 막기 위한 장치로 서남쪽에 인공 송림을 조성한 것이다. 이뿐만 아니라 배를 안정시키기 위해서는 마을 중앙에 돛대를 상징하는 나무를 세워야 한다는 설에 따라 '짐대' 또는 '띤띠나무'라 부르는 솟대를 세워 두고 있다.

짐대는 원래 삼한 시대 소도蘇塗에서 기원된 신앙대상물이었으나, 고려시대 이후 풍수지리사상과 접목되면서 행주형 지세에는 짐대로 변형되어, 배 모양의 마을 지세를 안정되게 하는 돛대 구실을 하게 되었다.[180]

관광자원

월포해수욕장

포항시 북구 청하면 해안로2308번길에 위치한 포항시 최대의 해수욕장이다. 백사장 길이 1.2km, 폭 70m, 총 62,810m²의 해수욕장으로 물이 맑으며 수심이 얕고 주변에 민박촌이 발달되어 있다.[181]

난류와 한류가 교차되는 곳으로 동물성 플랑크톤이 많아 꽁치, 놀래미 등의 바다고기가 풍부하여 월포방파제 및 갯바위 낚시터로 많은 피서객이 찾고 있으며 아침에 동해일출이 장관을 이룬다. 주변에 POSCO월포수련관, 이가리닻전망대, 용산둘레길 등이 있어 연계관광지로 인기가 있다.

---

180 위의 책, 30쪽.
181 대한민국 구석구석(https://100.daum.net/encyclopedia/view/52XXXX126090).

월포해수욕장. 포항시 북구 청하면 해안로2308번길에 위치한 포항시 최대의 해수욕장이다.

내연산(보경사군립공원)

경북 포항시 북구 송라면 중산리에 위치한 내연산은 12폭포의 비경을 간직하고 있는 명산으로 1983년에 보경사군립공원으로 지정되었으며, '한국의 100대 명산'에 들어 있고, 국가지질공원으로 지정되어 있다.

내연산 자락을 굽이굽이 감돌며 40리가량 흘러내리는 골짜기가 바로 청하골이다. 청하골 좌우로 문수봉(622m), 향로봉(930m), 삿갓봉(716m), 천령산(775m) 같은 준봉들이 반달모양으로 둘러져 있어서 청하골은 여느 심산유곡 못지않게 깊고 그윽하다.

계곡을 따라 오르면 상생폭, 보현폭, 삼보폭, 잠룡폭, 무풍폭, 관음폭, 연산폭, 은폭, 복호1폭, 복호2폭, 실폭, 시명폭 등 12개의 폭포를 차례로 만날 수 있다. 청하골의 열두 폭포 가운데 가장 경관이 빼어난 곳은 관음폭포(제6폭포)와 연산폭포(제7폭포) 언저리이다. 관음폭포 주변에는 선일대, 비하대, 학소대 등의 천인단애가 병풍처럼 둘러쳐져 있다.[182]

경상북도수목원

경상북도수목원(포항시 북구 죽장면 상옥리 1-1)은 우리나라의 수목원 중 가장 높은 해발 500~600m의 고산지대에 위치한다. 주위가 높은 산들(보현산 1,124m, 향로봉 930m, 천령산 776m, 수석봉 821m 등)로 둘러싸인 분지형태로 이루어진 고산지대 수목원으로 조성되었다. 2001년 9월 17일에 내연산수목원으로 개원하였고, 2차 조성사업 후인 2005년 9월 23일에 경상북도수목원으로 개칭하였으며, 전체 면적은 3,222ha(약 974만평)이다.

현재 식재된 식물보유종은 1,522종(목본류 701종, 초본류 821종)이며 식물의 특성에 따라 분류하여 관찰이 용이하도록 가로수원, 생울타리원, 고산식물원, 관목원, 무궁화원, 철쭉원, 장미원, 방향식물원, 식약용식물원, 암석원, 유실수원, 습지원, 야생초원, 침엽수원, 활엽수원, 울릉도식물원, 자수화단, 지피수원 수생식물원, 테마정원, 온실 등 24개 소원으로 구성되어 자연 체험학습과 학술연구 및 휴식공간으로 제공하고 있다.[183]

기청산식물원

기청산식물원은 청하면 덕성리에 위치한 사립 수목원이다. 9만㎡의 규모에 약 2,500여종의 식물을 관리하고 있으며, 2,315종의 수목유전자원을 보유하고 있다. 우리나라 자생식물로서 교육 및 학술가치가 있

---

182 김희준, 박창원, 『인문학의 공간 내연산과 보경사』, 포항문화원, 2014, 11-13쪽(요약).
183 한국민족문화대백과사전 참조.

기청산식물원. 청하면 덕성리에 위치한 사립 수목원으로 약 2,500여종의 식물을 관리하고 있으며,
2,315종의 수목유전자원을 보유하고 있다.

는 식물, 울릉도 식물 중점수집 및 전시, 민속식물 수집, 포항지역 식물
수집 등을 주요 목표로 운영하고 있다.

　1969년에 기청산농원으로 출발하였으며, 1996년에는 야생화관찰원
의 조성·개발·보급을 위한 한국생태조경연구소를 설립하였다. 2002년
11월 4일에는 산림청에 수목원으로 등록되었고, 2004년 3월 22일에는
환경부로부터 서식지외 보전기관으로 지정되었다. 2012년 7월 22일에
는 산림생명자원 관리기관으로 지정되었다.[184]

---

184 한국민족문화대백과사전 참조.

지역 축제

청하면민의 날 행사

청하면은 삼국시대 고구려 아혜현에서부터 시작한 유서 깊은 고장으로 1300여 년 간 현·군·면으로 이어지는 역사가 있으나 면민들이 함께 화합하고 단합할 지정된 행사 없이 당해 연도 형편에 따라 민속, 체육 행사를 개최해 왔다.

2008년, 청하면민의 날 제정을 위해 주민 의견을 수렴한 결과 1919년 3월 12일 청하장터에서 독립만세를 부르면서 항거한 이 날을 기념해야 한다는 다수 의견에 따라 이날을 청하면민의 날로 제정하였다.[185] 이 해부터 청하장터 3·1만세재현행사, 면민화합 한마당 등의 행사를 개최해 오고 있다. 한편, 3·1운동 당시 청하장터였던 행정복지센터 인근 부지에 2021년 현재 3·1만세운동 기념공원이 조성중에 있다.

청하장터 3·1만세재현행사. 1919년 3월 12일 청하장터에서 독립만세를 부르면서 항거한 날을 기념하여 이날을 청하면민의 날로 제정하였고 청하장터 3·1만세재현행사 등을 개최해 오고 있다.

---

185 청하향교, 『청하향교지(淸河鄕校誌)』, 2017, 423쪽.

송라 앉은줄다리기 재현행사

송라면 구진마을(화진1리)에서 오래 전부터 정월대보름날에 당겨오던 민속놀이로 앉아서 줄을 당긴다고 하여 '앉은줄당기기'라고도 하고, 줄 모양이 '기'('게'의 방언)를 닮았다고 하여 '기줄당기기'라고 한다. 주민들은 '앉은줄당기기'란 명칭을 주로 사용하며, 줄은 흔히 '동네할뱃줄'이라 부른다.

오랜 옛날 이 마을에서 별신굿을 하던 무당이 굿판에서 급사하는 사고가 일어났는데, 점치는 사람이 앞으로는 굿을 하지 말고 줄을 당기라 했다. 이때부터 매년 정월대보름날 줄을 당기게 되었는데, 여자들만 당기되 앉아서 당겨야 한다고 해서 여자들만 참가한 가운데 앉아서 당기게 되었다 한다.[186]

앉은줄다리기 재현행사. 정월대보름날 민속놀이로 여자들만 참가하여 앉아서 줄을 당겨야 한다.

---

186 박창원, 〈포항구진마을 전설과 앉은줄다리기의 성격〉, 『전설과 지역문화』(민속원, 2002) 참조.

줄다리기가 끝나면 이긴 쪽에서 줄을 연결하는 비녀목(갯목)을 빼서 어깨에 메고 춤을 추며 제당까지 행진한다. 제당에 도착하면 갯목을 제당 앞에 내려놓고, 간단한 제물로 동신께 고한다. 그런 다음 풍물패와 함께 한바탕 즐겁게 어우러진다.

구진마을 앉은줄다리기는 오랜 세월동안 면면히 이어오면서 풍농과 풍어, 마을의 안녕을 기원하는 의식이자 놀이로 전승돼 오다가 최근에는 송라면민들의 축제로 승화되어 매년 10월 중 송라초등학교 운동장에서 송라앉은줄다리기재현행사라는 이름으로 재현되고 있다. 한편, 지난 2015년에는 '줄다리기'가 우리나라에서 18번째로 유네스코 인류무형문화유산으로 지정되었다. 베트남, 캄보디아, 필리핀과 함께 공동으로 지정된 줄다리기는 우리나라에서는 6개 지역, 즉 당진, 삼척, 창녕, 남해, 밀양, 의령이 포함되었다. 세계에서 인정하는 문화유산이 정작 우리 지역에서는 관심이 소홀한 게 아닌가 여겨진다. 구진마을 앞은줄다리기는 2016년에 포항시 향토문화유산(무형) 2016-01호로 지정되었다.

월포 정월대보름달집태우기

월포 정월대보름달집태우기는 매년 정월대보름 저녁, 월포해수욕장에서 달이 뜨는 시각에 맞춰 벌이는 지역축제이다. 1990년대까지 민간에서 소규모로 진행하다가 2000년대 들어와 청하면의 기관단체들이 합심하여 벌이는 행사로 바뀌었다.

월포 정월대보름달집태우기행사는 식전 행사로 연날리기, 풍등날리기, 쥐불놀이, 윷놀이, 풍물놀이 등의 민속놀이를 한 다음, 달이 뜨기 직전에 해상의 안전과 풍어를 기원하는 용왕제를 지낸 후 달집 점화를 하면서 달집태우기를 한다.

2. 실현 가능한 청하읍성 주변 관광 자원화

　지금까지 청하읍성 주변의 인문자원을 역사유적, 불교유적, 민속유적, 관광자원, 지역축제 순으로 살펴보았다. 이 중에 보경사군립공원, 월포해수욕장, 경상북도수목원, 기청산식물원 등은 이미 많은 사람들이 찾는 유명 관광지가 되어 있다. 이 5곳을 제외한 것 중에서 예산과 노력을 투입했을 때 현실적으로 관광지가 될 수 있는 5가지의 관광자원화 방안을 제시하면 다음과 같다.

청하향교 정비

　조선 후기 이래 향교는 교육 기능이 쇠퇴하면서 청하향교도 교육 기능을 상실한 채 선현에 대한 제향을 통한 교화 기능을 주로 담당해 왔다. 현재 청하향교에서 담당하고 있는 사업은 8월(음) 상정일에 봉행하는 석전제, 중양절에 벌이는 기로연耆老宴 정도이다.

　그러나 청하읍성이 복원되고, 관광지화된다면 청하향교가 최고의 수혜자가 될 것으로 보인다. 읍성에서 불과 50m 거리에 있는 유리한 입지 때문이다. 이에 대비하여 건물 및 유물에 대한 안내판을 설치하는 등 정비 노력이 뒤따라야 한다고 본다. 마침 청하향교 뜰에는 '縣監任侯澤鎬悅乎齋創建碑(현감임후택호열호재창건비)'라는 비석이 있는데, 현

감 임택호가 열호재를 창건했다는 내용이다.(242쪽 부록 참조)

열호재 편액(청하중학교역사관 소장)

　열호재는 일제강점기인 1930년대에 불타 없어졌는데, 일부가 떨어져
나간 편액이 청하중학교 역사관에 소장되어 있다.
　1980년대 이삼우 재단이사장이 수습하여 보관해 오던 것을 2011년
학교역사관을 개관할 때 전시하게 된 것이다. 열호재悅乎齋는 논어에
나오는 "學而詩習之 不亦說乎"(배우고 때때로 익히면 어찌 기쁘지 아니한
가?) 중의 "悅乎", 즉 "기쁘지 아니한가"라는 문구를 딴 명칭이다.
　현판의 글씨는, 당시 경상도관찰사였던 이근필李根弼(1816~1882)이 쓴
것이다. 이근필은 철종 4년(1853) 정시문과 병과에 급제, 여러 벼슬을
거쳐 고종 2년(1872) 동지부사冬至副使로 청나라를 다녀왔으며, 황해도
관찰사를 거쳐 1877년 경상도관찰사가 되고, 뒤에 이조판서를 지냈다.
　편액에 새겨진 "庚辰冬"은 '경진년(1880년) 겨울'이란 뜻인데, 경상도
관찰사 시절에 쓴 것이다. 낙관에는 "都巡使李根弼"이라 새겨져 있는
데, 도순사都巡使는 관찰사를 다르게 부르는 이름이다.
　이렇게 편액이 남아 있으나 아직 복원되지 못한 건물인 열호재를
복원하는 것도 필요하리라 본다.

조경대 복원

조경대는 여러 기록에 등장할 정도로 조선시대 청하의 명소였다.

"앞에 있는 동해 바다가 거울같이 밝게 비춰 주므로 조경대照鏡臺라 하였는데, 인조 2년(1624)에 부제학 취흘醉吃 유숙柳潚, 경주부윤 이정신李廷臣, 청하현감 구암龜岩 유사경柳思璟, 송라찰방 변효성邊孝誠이 이곳에서 구기주를 마시며 놀다가, 마침 임任씨가 고래를 잡는 것을 보고 크게 신기히 여겨서, 유숙柳潚이 조경대釣鯨臺로 고치고, 그 뜻을 시를 지어 읊었음."[187]이라 적어 본래 조경대照鏡臺라 부르던 것을 조경대釣鯨臺라 고쳤다고 했다.[188]

조경대 정자를 표시한 고지도 『청하현읍지』(1833)

---

187 한글학회, 한국지명총람6(경북편Ⅲ), 1979, 267쪽.
188 신상구의 연구에 의하면 유숙의 기록(1624)보다 앞선 자료인 황여일의 〈유내연산록(遊內迎山錄)〉(1584)에서 조경대(釣鯨臺)라 적었고, 서사원(1550-1615)의 〈동유일록(東遊日錄)〉에서도 조경대(釣鯨臺)라 적고 있어 조경대(照鏡臺)가 조경대(釣鏡臺)보다 후대에 붙여진 게 아닌가 여겨진다고 했다. 신상구, 『치유(治癒)의 숲』, 인문과교양, 2020, 246쪽.

『일월향지』에는 조경대에서 바라보는 8가지 승경인 조경대 8경을 소개하고 있는데, 대하노도성臺下怒濤聲, 창명일출망滄溟日出望, 월포백사연月浦白沙烟, 용산운무숙龍山雲霧宿, 허공십리굴虛空十里窟, 어화명멸추魚火明滅秋, 강사해당화江沙海棠花, 귀범어가영歸帆漁歌詠 등이다.[189]

『청하현읍지』(1833)속 고지도에서 정자가 확인되는 만큼, 이 자리에 정자를 복원할 필요가 있다. 새로 복원된다면 포스코수련관에서 이가리로 이어지는 해안도로변의 해송숲, 최근에 준공된 이가리닻전망대와 함께 조경대 주변은 청하의 대표적인 관광 명소가 될 것으로 보인다.

조경대 8경 중의 하나인 대하노도성(臺下怒濤聲)

189 박일천, 같은 책, 69쪽.

겸재 정선길 개설

1733년에 청하현감으로 부임한 겸재는 줄곧 내연산을 찾았다. 거기에서 삼용추三龍湫를 그렸고, 연산폭포 옆 암벽에다 자신의 이름을 새겼다. 그런데 겸재가 청하읍성을 떠나 내연산 폭포를 탐승할 때 어디를 거쳐 갔을까? 1960년대까지만 해도 청하 사람들이 도보로 보경사갈 때 사용하던 오솔길이 있었다. 청하읍성이 위치한 덕성리에서 덕천리, 상송리, 중산리, 보경사로 이어지는 통로다. 겸재는 이 길을 이용하여 내연산 폭포 탐승을 했던 것이다.

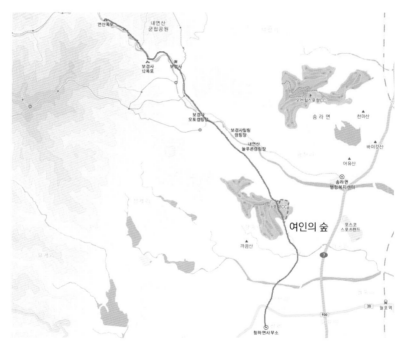

겸재정선길. 청하읍성이 있던 청하면행정복지센터에서 내연산 폭포에 이르는 길을 말한다.

바로 이 도보길을 복원하여 '겸재정선길'이라 명명하면 걷기 명소가 될 수 있다고 본다. 실제로 겸재 정선이 지나다녔던 길이기 때문이다. 겸재 정선이 다니던 길은 현재 골프장이 건립되는 바람에 일부 구간이 단절되었다. 하지만 얼마 떨어지지 않은 '여인의숲' 길 을 우회해서 가는 방법도 좋으리라 생각된다. 이 길을 따라 겸재 정선을 추억하는 여러 가지 자료를 전시하면 금상첨화가 될 것이다. 겸재 정선길의 출발점이라 할 수 있는 청하면행정복지센터에 '겸재정선 진경산수발현비' 건립을 추진하는것도 좋은 시도라 할 수 있겠다.

고현리 고분공원 조성

고현리 고분. 고현리는 신라 때 청하의 중심지로 현재 1백 기가 넘는 신라시대 고분이 남아 있다.

고현리는 신라 때 청하의 중심지로 현재 1백 기가 넘는 신라시대 고분이 남아 있다. 도굴된 것이 대부분이지만 이 고분들 중 일부를 발굴한 다음 고분공원을 조성한다면 청하읍성 관련 연계 관광지로 인기가 있을 것으로 본다

고분공원은 다른 지역에 불로고분공원(대구시), 백제고분역사공원(세종시), 관동고분공원(김해시) 등 좋은 사례가 있다.

월포달맞이축제의 활성화

월포는 달맞이축제를 하기에 안성맞춤인 곳이다. 월포月浦라는 지명이 '달이 뜨는 포구'라는 의미가 있고, 주변에 달래두들[月꺄口](월포3리), 달애산[月峴山](해수욕장 북쪽 월포1리 뒷산) 등 달[月]과 관련한 지명이 많다.

또 달집태우기 행사로 인한 화재 위험이 적은 해안 백사장을 이용한다는 큰 장점이 있기 때문이다. 현재 추진하고 있는 달집태우기행사를 '달맞이축제'란 이름으로 확대·개편하고, 민속놀이를 비롯한 다양한 이벤트와 함께 특산물판매장을 운영한다면 주민 소득 증대에도 이바지할 것이다.

월포 대보름달집태우기. 달집태우기 행사로 인한 화재 위험이 적은 해안 백사장을 이용한다는 장점과 '달이 뜨는 포구'라는 의미가 있는 월포는 달맞이축제를 하기에 안성맞춤인 곳이다.

3. 청하읍성 복원을 통한 어촌인문 활성화 방안 세미나

일시: 2020.10.22.
장소: 포항문화예술회관 소공연장
주관: 포항지역학연구회

1부. 주제발표 총괄사회 이재원(포항지역학연구회 대표)

발표1 **청하읍성 주변 인문자원의 관광자원화 검토**
박창원(동해안민속문화연구소 소장)

발표2 **상주읍성 역사문화 자원의 보존과 활용**
김상호 박사(상주역사공간연구소 대표)

발표3 **나주읍성 복원과 활용 사례**
김종순(나주시청 역사관광과 계장)

발표4 **청도읍성 복원사례를 통한 지역정체성**
박윤제(청도문화원 원장)

발표5 **코로나19 시대의 관광변화와 로컬 마을관광 활성화**
정란수(프로젝트 수 대표)

2부. 세미나 좌 장 천진기(전, 국립전주박물관장)

토 론 김남일(환동해지역본부 본부장)
김진규(포항시청 문화예술과 포항학연구팀장)
김진홍(포항지역학연구회 연구위원)
류문규(경상북도청 문화유산과 학예연구관)
김상백(경북생명의숲 상임대표)
황경후(테마여행10선 5권역 팀장)

청하읍성 복원을 통한 어촌인문 활성화방안 세미나 광경

〈 세미나 토론문 〉

천진기 전, 국립전주박물관장

안녕하십니까? 종합토론 진행을 맡은 천진기입니다. 오늘 청하읍성 복원을 위한 학술세미나에 발표와 토론을 위해 참석해 주신 여러분께 감사드립니다.

역사는 기록, 현장, 다양한 아카이브 자료가 있으면 완벽합니다. 좀 다른 이야기지만 경주개 동경이는 삼국유사를 비롯한 역사 기록물, 신라 토우 개, 현재 경주에 생존하고 있는 꼬리 짧은 개 등 온전한 역사 증거물들이 있기에 복원되고 천연기념물로 지정되었습니다.

청하읍성은 기록, 현장 등 여러 역사자료와 함께 진경산수화 대가 겸재 선생의 "청하읍성 그림"까지 있으니 최고 완벽한 역사현장입니다. 역사 복원 이후는 보존과 활용이 될 것입니다. 오늘 다른 지역의 읍성 사례를 통해 읍성의 '복원, 보존, 활용'에 대한 좋은 발표를 들었습니다. 앞으로 종합 토론에서 청하읍성 복원, 보존, 활용에 대한 많은 의견을 개진하여 주십시오. 감사합니다.

황경후 테마여행10선 5권역 팀장

황경후입니다.

저는 관광전공으로서 제가 보는 청하읍성은 '복원', '유적' 보다는 지금 현재 살고 계시는 그 주민들의 '삶'에 대해서 더 많이 집중하게 됩니다. 주민들이 살고 계시면서 막연히 어제, 오늘 그리고 내일도 똑같이 계시는데요. 더 나은 삶을 해줄 수 있는 수단이 '관광'이라는 측면에서 말씀드리고자 합니다.

앞서 발표하신 정란수 대표님 말씀에도 들었듯, 어떻게 하면 지역에 혜택을 줄 수 있을지? 그리고 지역에 혜택을 주는 것이 방문자들에게 오히려 더 큰 행복을 주게 되고, 그것이 반복되어 더 많이 찾아올 수 있는 어떤 삶의 계기를 마련해주는 것이 관광이라는 걸 강조하고자 합니다. 그런 차원에서 여러 생각 중 하나만 말씀드리고자 합니다.

제목에서도 나와 있는 '겸재정선의 길'만 봐도, 실제로 인터넷을 검색해 보면 '겸재정선의 길'이라는 키워드는 서울 '한강'이 제일 먼저 뜨는데요. '진경산수'의 어원이 되는 포항이 그 키워드를 회복해야 하지 않겠습니까?

그리고 그 길을 걸으면서 청하면민들이 지금까지 살아오면서 느꼈던 그런 삶의 여유나 아름다움, 추억, 문화 등 정말 포항다운 모습들을 같이 공유할 수 있는 그런 문화적 공간으로 재건되기를 바랍니다.

복원이 되느냐 안 되느냐에 집중할 것이 아닌, 주민들의 삶이 더 있기를 바라는 마음에서 정선길 복원을 추천드리고자 합니다.

김상백 경북생명의숲 상임대표

반갑습니다. 저는 청하에서 태어났고 청하초등학교와 청하중학교를 졸업했습니다.

처음에 오늘 사회자인 이재원 포항지역학연구회 회장님께서 이야기를 하셨는데 저희 지역은 외적으로도 변화가 많이 있었던 것 같습니다.

하지만 저는 여기서 저희보다 청하에서 더 오래 사신 선배님들이 많지만은 한가지 분명하게 이야기 드리고 싶은 것은 저희 지역은 그래도 보전이 굉장히 잘 되어 있는 것 같습니다.

제가 30년 전에 들어갔던 초입길이나 지금에 들어가는 초입길은 큰 변화가 없습니다.

이러한 물리적 변화는 없지만 인구라든지 여러 가지 환경의 변화는 굉장히 많은 것 같습니다.

따라서 오늘처럼 청하읍성에 대한 토론이 과거에 있었지만은 이렇게 다시 한 번 이러한 분위기가 재구성되는 것에 대해서 굉장히 기쁜 마음으로 참석을 했습니다.

첫 번째는 저희 지역뿐만 아니라 다른 지역도 인구 소멸 위기에 봉착되어져 있는데 청하읍성 복원을 계기로 하여 관광자원이 구축이 된다면 말 그대로 저희 지역에 있는 주민들의 삶이 조금 더 나아질 수 있는 계기가 되지 않을까 하는 희망을 가져 보고요.

두 번째는 나주도 그렇고 청도도 그렇고 여러 가지의 읍성복원사업이
진행되었는데 과연 읍성이 복원되었을 때 진짜 그것이 옛날의 역사적
가치만 복원이 되어서 보이기 위한 것인지, 아니면 그러한 읍성 복원
이 현재 세대의 사람들과 동행할 수 있는 그런 복원인지 여기에 대해
서 조금 고민을 많이 해야 할 것 같습니다.

따라서 감히 이제 부탁을 드린다면 복원사업 진행시 거기에 살고 있는
지역 주민들의 의견을 충분히 반영하여서 내실있고 충실한 복원 프로
젝트가 진행되었으면 합니다. 감사합니다.

류문규 경상북도청 문화유산과 학예연구관

소개를 받은 저는 경상북도 학예연구관입니다. 저는 20년 가까이 문화
재 업무를 해 왔는데 핵심업무는 문화재지정과 문화재 활용입니다. 문
화재지정은 문화에 대해 제도 차원에서 보존관리에 중점을 두는 거고,
또 활용은 요즘 트렌드로서 문화재가 단순히 보전관리만 해서는 올바
른 방향으로 갈 수 없고 활용이 이제 하나의 보전관리가 될 수 있는 수
단으로서 지금 관심을 많이 갖고 있습니다.

그래서 저는 이 두 가지 부분을 다 지금 맡고 있기 때문에 오늘 청하읍
성에 대한 포인트가 복원에 조금 두어지는 것에 대해서 한편으론 우려
내지 걱정되는 부분도 있습니다. 또 이 자리가 좀 부담스러운 부분도
있습니다.

그렇지만 저는 오늘 와서 상당히 기쁘게 생각하는 것은 지역에서 이런
지역 학회 차원의 연구들이 이루어지고 있고, 또 많은 분이 관심을 가
지고 계신다는 점에 대해서는 상당히 기쁘게 생각이 들고요.

먼저 청하읍성을 복원해서 어떻게 활용할 것인가 하는 부분에 있어서

몇 가지 전제가 되어야 한다고 생각합니다. 앞서서도 얘기들이 좀 나왔지만 그 '왜 해야 되는가'에 대해서는 반드시 생각을 해야 됩니다. 여러분들이. 명확한 목적의식을 가지고 이 사업이 진행 됐을 때, 정확한 방향으로 갈 수가 있다고 봅니다.

단순히 막연한 관광 자원화를 통해서 지역 사회 경제에 도움이 된다, 뭐 이런 부분만 가지고는 이 사업을 뚝심 있게 밀고 나가는 데는 한계가 있다고 봅니다.

그리고 또 하나는, '누가 할 것인가?'도 우리가 상당히 고민해 봐야 됩니다. 주체는 지역의 주민이고, 저희는 지원을 해 줄 뿐입니다. 앞서 발표를 해주셨지만 그 지역의 지역민이 어떤 생각을 가지고 이것을 정말 아끼고 사랑하면서 계속 보존관리를 해나갈 것인지가 상당히 중요하기 때문에 누가 할 것인지에 대한 부분은 항상 많은 논의가 필요할 것이라고 저는 생각이 들고요.

또 하나는 이제 현실적인 부분인데, '어떻게 할 것인가'라는 부분입니다. 오늘 주요 강연자 중에서도 문화재 지정 얘기가 많이 나왔습니다. 그리고 한 8년 전에 포항시를 통해서 타당성용역을 하셨다고 얘기를 들었는데, 그 당시 이런 찬성률이 나왔다고 하니까 상당히 동기부여가 되는데, 지금 현재 추세는 아마 그 당시와는 좀 다르지 않을까 생각해 봅니다.

저는 오랫동안 문화재 업무를 해 왔기 때문에 그 문화재로 인해서 많은 피해를 호소하시는 분들을 많이 봤습니다. 그래서 이 부분에 대해서 저희가 앞으로 진행을 한다면 그 문화재 지정의 명암을 확실히 인지하시고 진행을 하는게 중요하고요.

문화재 지정만이 능사는 아니라 하나의 방법이 될 수 있을 뿐이고 다각적인 방법을 좀 고민을 해보셔야 되는데 그 중에 중요한 것이 그 지역 단체장의 의지가 상당히 중요하다고 봅니다. 포항시 비슷한 구미시

같은 경우도 공업도시로 인식이 상당히 강했는데, 최근 들어서 전통문화에 대한 자기의 정체성을 찾으려는 노력들이 상당히 많이 이루어지고 있는 것으로 제가 알고 있습니다.

포항시에서도 단체장이 의지가 더해졌을 때 이 사업이 탄력을 받을 수 있다고 생각을 하고요. 뭐 관광개발사업이라든지 아니면 꼭 복원을 전제하지 않는, 어떤 나름 '청하형' 읍성사업도 한 번 고민해 볼 필요가 있지 않을까 생각을 드리면서 이상 발표를 마치겠습니다.

김진홍 포항지역학연구회 연구위원

제가 얘기하고 싶은 것은 아까 어느 분이 얘기하셨는데, 지자체 얘기든 뭐든 다 좋습니다만 청하에 읍성과 관련된 모든 사업을 반드시 어떤 특정 시장 아니면 특정 시기에 한꺼번에 모든 것을 다 할 필요는 없지 않겠는가라고 제 개인적으로 그렇게 생각합니다.

그래서 지금 특별히 문화재 지정이 안 되더라도, 예를 들어 현재의 행정복지센터 자리가 성내에 있었다면 우선 행정복지센터 자리에 있던 옛날 관아만 먼저 복원을 한다든지 하는 식으로 단계적으로 해 나가는 전략도 좀 필요하지 않나 그런 생각을 해 봤고요.

두 번째는 조금 전에 말씀하셨던 것들과 마찬가지로 지금 오늘 세미나에서도 모든 것들이 다 하우(How)에 맞춰져 있거든요. 25년 걸려서 어떻게 했다, 어떻게 해서 예산을 받았고, 했더니 어떤 문제가 생겼더라 대부분이 하우(How)인데 실질적인 창의는 와이(Why)에서 나옵니다. 왜? 있으니까 그냥 복원해야 된다, 이런 식이면 나중에 쓸모가 있다없다거나 어떻게 활용을 해야할까 생각할 때 상당히 문제가 될 수도 있거든요. 그래서 가급적이면 왜라는 것에 우리가 포커싱을 해서 창의적

202
IV. 청하읍성, 인문자원이 관광자원이다

인 아이디어를 많이 좀 냈으면 좋겠다는 생각이 들고요.

 아까 '겸재정선 길' 말씀하셨는데 저는 개인적으로는 〈청하성읍도〉가 도대체 겸재 정선이 그릴 때 어느 산에서, 또 그 산의 어느 위치에서 바라봤을 때 지금 그 각도로 그 그림을 조망할 수 있는 위치가 될 것인지, 겸재정선의 〈청하성읍도〉가 탄생하였을 곳을 먼저 찾는 것도 중요하지 않을까? 그래서 겸재정선이 어디에서 그 그림을 그렸을지를 만약 지금 포커싱을 할 수 있다면, 성읍도를 그리러 가는 '겸재정선의 길'을 만들고 전국에 있는 수묵화문하생이나 전문화가들한테 〈청하성읍도〉를 그렸던 겸재정선의 자리에서 '수묵화 대회'를 유치 또는 개최한다든지, 이와 같은 소프트웨어도 조금은 같이 개발하면 어떨까? 그것은 읍성 복원 하고 같이 연관되어 할 수도 있지만 굳이 아니더라도 관광 자원으로 충분히 쓸 수 있지 않을까 싶고요.

과거에는 외지인을 막기 위해서 만든 것이 (현재)없어졌지만, 지금은 다들 읍성을 만들어서 외지인을 끌어들이려는 데 포커싱을 하고 있거든요. 그런 면에서 그 읍성 자체보다는 아까 박창원 선생님이 말씀하신 것처럼 청하 주변을 다 아우르는 것들, 읍성을 하나의 기반으로 두고 그것들이 같이 갔으면 좋겠다는 생각입니다. 제일 중요한 건, 제가 일본에 있을 때 마츠리를 가면 조그마한 마을이라도 그 할아버지와 아들들이 마츠리를 할 때 반드시 같이 참여를 합니다. 그래서 주민이 함께 하지 않는 복원이나 관광도 마찬가지입니다. 현재 계신 청하읍민들이 할 수 있는 수준에서 같이 참여해서 처음부터 같이 스타트한다면, 관이 그냥 턱하고 만들어 놓을 때까지는 남의 일보듯이 하였다가, 만든 다음에야 이것은 원래 고증이나 무언가 잘못 되었다든지 하는 사후 불만을 제기하는 것보다는 하드웨어를 만들기 전에 소프트웨어적으로 먼저 주민들과 함께 하는 그런 형식으로 이 사업이 추진되었으면 좋겠다고 생각합니다. 이상입니다.

방금 소개받은 포항시청 김진규라고 합니다.

저희가 2012년도에 청하읍성복원을 위한 기초조사 및 타당성조사를
한번 했습니다. 그리고 그 이후에 이게 수면 아래로 있다가 오늘 다시
이렇게 좀 더 세부적인 내용으로 어떻게 복원을 하면 좋고 다른 지역
에 사례는 어떠했는지 그리고 앞으로 활용을 어떻게 했으면 좋겠는지
같은 부분까지 이렇게 근본적으로 들어가서 아주 기쁘게 생각합니다.
저희 포항에 계신 분들은 다 아시겠지만 조선시대 읍성이 모두 네 군
데가 있습니다. '장기읍성' 있고 '연일읍성'이고 '흥해읍성' 있고 바로
청하읍성이 있습니다. 그 중 '장기읍성'은 이미 1994년도에 그 국가지
정 사적으로 지정이 되어서 96년부터 시작한 1차 복원사업이 작년까
지 이제 마무리가 되었고, 그 다음 금년부터 2028년까지 2차 복원사업
을 지금 진행 중에 있습니다. 전체적으로 1차 복원 사업에서 97억원 정
도 그 다음에 20년부터 2028년까지 진행되는 그 사업에는 약 한 210억
정도 해 가지고 거의 한 300억원 정도 예산이 투입이 될 예정으로 있
는데 문제는 나머지 읍성들은 어떻게 할 것인가? 그 고민을 10여 년 전
부터 많이 했습니다. '연일읍성' 같은 경우에는 지금 영일 정씨 문중 재
실이 있는 남성재 뒤 북서편 사면의 25% 정도 그 성벽이 남아있고요.
흥해읍성 같은 경우는 약 한 20여 미터 정도 밖에 남아 있지 않습니다.
그런데 '청하읍성'은 거의 지금 전구간이 54% 정도, 나머지가 유실구
간이라고 하지만 그건 발굴조사를 통하면 유구 확인이 충분히 가능한
그런 지역들로 지금 확인되고 있습니다. 2012년도 당시 만해도 이거
복원을 하면 뭐 여러 가지 문제가 많겠다, 여기서 말하는 문제는 당연
히 그 재산권행사에 대한 문제로 가장 그 당시에도 민감했던 부분인데
그런 부분을 차치하고 나서라도 저희가 '청하읍성'을 향후에 어떻게 우

리가 복원을 할 것인지, 복원이 되면 어떤 식으로 활용할 것인지 이런 부분에 문제를 맞춰야 되는데, 저는 지금 행정적으로 중점을 두고 싶은 부분이, 지정하는데도 어떤 절차를 거쳐야 할 것인지 이것이 좀 중요한 부분이라고 생각합니다.

지금까지 여러 가지 동산 문화재는 제외하고 부동산 문화재를 지정하면서 많은 여러 가지 문제점들이 노출이 됐었거든요. 그래서 일단은 지금까지 문화재 지정 절차가 단순히 관 주도에 의한 절차 위주로 진행이 되었다고 하면 지금은 그건 바뀌어야 되거든요.

충분한 지역 주민 협의체의 구성이 되어야 하고 관과 민과 기타 학술단체라든가 지역학을 연구 하시는 분들이 다 같이 참여해서 자 이것을 지정했을 경우에 우리가 잃어버릴 것은 무엇인지, 아니면 이걸 어떻게 지정 효과를 극대화해서 우리가 공생할 수 있는 방안으로 갈지 이런 것들을 물밑에서 논의 하는게 아니라 아예 공론화 시켜 가지고 청하읍성이라 그러면 청하면민들이 모두 참여해서 자기 마음속에 있는 모든걸 얘기할 수 있는 그런 자리를 여러 차례 만들어 가지고 이것이 복원이 되어야 된다. 그러려면 우리가 지정하는 것도 좋겠다라고 결론을 내릴 수도 있고 지정은 차치하고 나서라도 일단 우리가 시비를 들여서라도 우리가 먼저 일정부분은 복원한 이후에 그다음 지정을 하자 이런 논의가 된 후에 저희가 복원을 추진하는 것이 좋지 않을까 그런 생각을 해보고 향후에 복원이 된다고 해도, 여기 가면 독특한게 뭐가 있더라 그런 것들은 청하만 가면 볼 수 있는 것들, 그런 것들은 최소한 하나 정도는 좀 만들어 주는 것이 좋지 않을까? 겸재정선의 '청하성읍도'를 이용하든지 아까 말씀 드렸던 '겸재정선의 길'이라든지 이런 것들을 복합적으로 고민해 볼 수 있는 그런 장이 좀 더 마련되었으면 좋겠다는 생각이 듭니다.

상주에 경상우도의 중심, '경상감영'이 있었던 사실, 200년 동안 상주
에 있다가 대구로 갔거든요. 근데 그러면 경북도청이 대구에 있다가 경
북지역으로 다시 도청이전을 한다고 하면, 그럼 '상주는 도청을 유치를
하는 겁니까?' '상주는 도청을 되찾기 운동을 해야 하는 겁니까?' 제가
무슨 이야기를 하는가 하면 '경상감영'이 상주에 200년 있었다가 대구
갔다가 이제 도청이 새로이 안동으로 갔지 않습니까? 경상도慶尙道(경주+
상주)냐? 경안도慶安道(慶州+安東)냐? 그런 우스게 이야기를 하거든요.

그런데 경상도가 경안도가 된 이유는 뭐냐? 상주사람들의 의식의 문제
이지요. 상주 사람이 '경상감영'이 200년 있었는지 아무도 몰라요. 상
주가 역사도시라는거, 자기 자긍심도 없고 정체성을 못 찾았기 때문에
다 뺏긴 거예요. 지금도 동문동, 서문동, 남문동, 북문동 등 지명이 있
어 4대문 등 상주읍성이 있었는데 아는 사람이 없는거죠. 그런데 안동
은 한국전통문화의 중심이라고 하면서 없던 4대문도 만들고, 그렇지
않았거든요. 그래서 자기의 정체성과 자기의 브랜드를 어떻게 지키고
잘 찾을 것이냐가 굉장히 중요합니다.

제가 하나 예를 하나 들께요. 유네스코 세계문화유산으로 지정 받으려
면 국내 사전절차로 선행되어야 하는 것이, 문화재청에 먼저 잠정목록
에 등재되어 있어야 됩니다. 그리고 문화재청은 문화재 등급으로 이번
서원이나 가야유적지 처럼 국가 사적지만 올리죠. 그런데 이미 '낙안읍
성'은 유네스코세계문화유산 올리는 잠정목록에 올라가 있다는 것입니
다. 자 그럼 '장기읍성'은 안 올라가 있다는 것입니다. 그럼 예를 들어
서 유네스코 세계문화유산으로 낙안읍성이 된다면, 그러면 브랜드는

다 빼앗기는 거예요.

하나 안타까운 것이 국내 유네스코 무형유산으로 등재되어 있는 '줄다리기'를 예를 든다면, 포항에 장기면 모포줄이 국내 최고의 역사를 자랑하고 있고, 송라면 구진마을에서 해마다 정월대보름이면 여성들만 참가하는 '앉은 줄다리기' 민속놀이도 해안지역 독특한 공동체 문화를 가지고 있음에도, 사실 포항시민 자체도 잘 모르고, 유네스코 등재시 포항 모포줄, 송라 줄다리기는 참여도 안하고 부각도 안된거죠.

유네스코세계문화유산에 서원이, 전국 9개가 됐는데, 전국에 수많은 서원이 많은데 왜 9개만 되었는지? 전국 서원중 국가 사적지만 지정됐거든요. 그런데 제가 왜 그렇게 안타깝게 생각하냐면, 상주시 모동면에 있는 황희정승을 모신 '옥동서원'(경주의 옥산서원은 유네스코 세계문화유산이 지정됨)이 나중에 국가사적지가 지정이 되어, 지금 국가사적지 서원이 전국에는 10개가 있는데 옥동서원은 유네스코 세계유산이 아니라는 점입니다. 이미 세계문화유산 올리는 것이 지나가고 난 다음에 지방문화재에서 국가 문화재로 승격되다 보니까 버스 가고 난 다음에 손을 들은 거죠. 상주도 유네스코 세계문화유산을 가질 기회가 있었는데 뺏겼다는 거죠. 유네스코 세계유산이 되면 관광객이 10배 이상 증가하고 지역이미지가 올라가는 혜택을 못 본거죠.

절차도 중요하고 오랫동안 있었던 과정도 중요하지만 누군가가 빨리 선점해서 브랜드를 정립하는, 어느 정도 단계까지 가지 않으면 지역 정체성까지 빼앗길 수밖에 없다, 저는 이렇게 생각합니다.

의성에 조문국박물관이 만들어져 있죠? 제가 2006년도 혁신분권담당관 시절, '낙동강 고도읍 정체성 정립' 차원에서, 당시에 돌아가신 김종우

향토사학가와 함께 '의성군의 모태인 조문국의 역사를 찾아야 한다. 그러기 위해서는 조문국박물관이 필요하다. 발굴된 유물이 다 경북대박물관과 국립대구박물관에 있다. 찾아와야 한다.'고 주장했죠. 그게 불씨가 되어 체계적으로 조문국 유적을 발굴하고, 박물관도 만들고, 그런 성과가 바탕이 되어 국가사적지로 지정되는 등 가장 좋은 모델이라고 봅니다. 돈을 투자하고 발굴하니까 유물이 나오고, 유물이 나오니 박물관도 만들어지니까 유물도 기증이 되고, 또 국가 사적지가 지정된 거예요.

오히려 역으로, 우리가 아무리 관심 있다 하더라도 늦게 가면 예산투자순위도 늦어지고 브랜드를 타지역으로 뺏길 수 있기 때문에 그런 노력들이 중요하다고 생각하고요. 청하읍성은 투트랙으로 가야할 것 같아요. 공무원 입장에서 보면 투트랙으로 문화재청에 복원하는 한 파트, 또 하나는 관광 파트에서, 경북도에는 육지관광 '문화관광과'가 있고 우리 어촌해양관광을 담당하는 '해양관광과'가 있으니까, 문화재부서와 관광부서 투트랙으로 진행되어야 된다고 봅니다.

그러니까 복원을 하기 위해서는 이제 고증도 하고 발굴도 하는 그런 작업도, 어차피 시간이 많이 걸리니, 일단 문화재 발굴 작업과 병행하여, 일단 지속가능한 이용을 하면서 지역 주민들 스스로 이런 향토자원으로 사람이 찾아오고, 지역관광에도 도움이 되고, 지역 특산물이 그 덕에 많이 팔려 도움이 된다는 것을 보여 주는 작업도 중요하다고 봅니다.
일단 청하읍성이 체계적 발굴을 통해 국가사적지 지정 작업도 필요합니다. 왜냐면 국가사적지가 되면 문화재청에서 복원비 70%가 국비에서 지원되기 때문에 지방에서는 거의 국가사적지 진행을 병행합니다. 이런 발굴, 복원, 국가문화재 지정은 문화재 파트에서 하고, 아까 말씀

드린 겸재정선이 〈청하성읍도〉를 남긴 만큼, 겸재정선의 유적지와 천혜의 해양바다 자원인 해수욕장, 포항 해녀자원, 해파랑길과 연결하는 겸재정선길이 필요합니다. 이런 작업은 포항시 관광부서나 해양수산부서에서 해야 된다고 봅니다.

'겸재정선길', '겸재트레일'을 걸으면서, 기차역 월포역이 새로 생겼기 때문에 연계가능하고, 7번 국도 국토종주 자전거길에서도 청하면으로 통하도록 하는 것입니다. 문화재 복원이라는 것도, 그게 부분복원도 있어요. 점진적으로 보통 리본을 달아 놓고 답사 루트만 표시해 놓거든요. 그러면서 지역주민들의 참여 속에 완전복원 단계로 가는거죠. 전남 나주읍성에 가보시면 거기는 사람이 살았다는 표시만 칠한다든지, 바닥에 트레일 답사 도보길 표시해 놓는다든지, 청주도 현지 사는 곳에 유적지가 있다 보니 일부 투명유리로 역사사적지를 볼 수 있도록, 현재 사는 사람들과 유물이 공생하는거죠.

처음부터 문화재 복원 이야기를 하면, 문화재 지정으로 인한 행위 제한으로 재산권 침해 때문에 주민들이 거부반응이 있는데, 그게 아니고 지속가능하게 지역주민들도 이용하기 때문에 너무 문화재를 강조할 필요 없고, 지역 주민들에게 도움이 될 수 있도록 하는 작업이 중요합니다. 동해안 월포 관광객들이 청하읍성 시내로 들어와서 이 해안가 고도읍에서 머무르고 이렇게 그 지역의 역사성과 아름답게 살아가는 청하읍민들의 마음을 가져갈 수 있도록 만드는 작업을 해야 한다고 생각합니다.

그래 생각하고, 하여튼 류문규 학예사님 오셨으니까 포항시하고 노력해서, 문화재 복원은 문화재 복원대로 기본 용역을 통해서 부분적으로 어떻게 할건지 한번 검토하고, 우리 환동해본부 해양관광부서에서는 월포해수욕장, 해파랑길, 기청산식물원 등과 연계할 수 있는 가칭 겸재

정선 해양관광길을 만들 수 있도록 해양관광 차원에서 용역을 통해서 단계적으로 투자할 건 투자하고, 인근에 선조들의 스토리가 남아 있는 조경대를 비롯한 유적지들도 복원을 하고, 함께 청하읍성을 알리는 작업부터 먼저 하면 될 거 같습니다.

일단 저희들은 그런 작업을 포항시하고 협의해서 하려고 노력을 해 나가도록 하겠습니다. 청하읍성 복원 문제는 포항시하고 협의해서 단계적으로 진행하도록 하겠습니다. 고맙습니다.

부 록

청하읍성 관련 문헌자료

이 부분은 〈청하읍성 기본조사 및 복원타당성 조사보고서〉 포항시(2012)를 인용하였다.

1. 지리지

1) 〈慶尙道地理志〉 慶州府 淸河縣(1425)

2) 〈世宗實錄地理志〉 慶尙道 慶州府 淸河縣(1454)

본디 고구려의 아자현(阿子縣)인데, 신라에서 아해(阿海)로 이름을 고쳐 유린군(有隣郡)의 영현(領縣)으로 삼았고, 고려에서 지금의 이름으로 고쳐, 현종 무오년에 경주(慶州) 임내(任內)에 붙였는데, 본조 태조 원년 임신에 비로소 감무(監務)를 두었다.

진산(鎭山)은 고학(高鶴)이며, 사방 경계는 동쪽으로 바다에 이르기 6리, 서쪽으로 신광(神光)에 이르기 9리, 남쪽으로 흥해(興海)에 이르기 8리, 북쪽으로 영덕(盈德)에 이르기 14리이다.

호수는 2백 35호, 인구가 7백 24명이며, 군정(軍丁)은 시위군(侍衛軍)이 2명, 선군(船軍)이 46명이다.

토성(土姓)이 3이니, 김(金)·명(明)·이(李)요, 속성(續姓)이 2이니, 주(朱)【웅신(熊神)에서 왔다.】·정(鄭)【근본은 알지 못하나, 모두 향리가 되었다.】이며, 남계 부곡(南界部曲)의 성이 1이니, 길(吉)이다.

땅이 메마르고, 기후는 따뜻하며, 간전(墾田)이 7백 99결이다. 【논이 3분의 1이다.】 토의(土宜)는 오곡(五穀)과 삼[麻]이며, 토공(土貢)은 꿀·밀[黃蠟]·칠·종이·미역·대구·광어·모래무지·전포(全鮑)·마른 조개·여우가죽·노루가죽이요, 약재(藥材)는 방풍(防風)이다. 염소(塩所)가 3곳이니, 하나는 현 동쪽에 있고, 둘은 현 북쪽에 있다.

읍 석성(邑石城)【둘레가 2백 20보이며, 안에 우물 둘이 있다.】 역(驛)이 1이니, 송라(松羅)이며, 봉화가 1곳이니, 도리산(都里山)으로, 현 북쪽에 있다. 【남쪽으로 흥해(興海)의 오연대(烏烟台)에 응하고, 북쪽으로 영덕(盈德)의 황석산(黃石山)에 응한다.】

3) 〈慶尙道續撰地理誌〉 慶州府 淸河縣(1469)

- 邑城 去宣德戊申石築

  지난 선덕년간 무신년(1428, 세종10년)에 석성으로 쌓았다.

  周廻一千二百十二尺高九尺二寸

  둘레는 1,212척이고 높이는 9척2촌이다.

  有軍倉井三池一冬夏不渴

  군창과 우물 3곳, 연못이 하나 있으며, 여름·겨울로 마르지 않는다.

- 樓堂 城東門孚顯樓 …

  성의 동문에는 부옹루(孚顯樓)가 있다.

4) 〈新增東國輿地勝覽〉第23卷 慶尙道 淸河縣(1530)

동쪽으로 해안까지 7리이고, 남쪽으로 흥해군(興海郡) 경계까지 11리이며, 서쪽으로 경주(慶州) 신광현(神光縣) 경계까지 13리이고, 북쪽으로 영덕현(盈德縣) 경계까진 19리이다. 서울까지의 거리는 8백 41리이다.

【건치연혁】 본래 고구려의 아혜현(阿兮縣)으로, 신라 때 해아현(海阿縣)으로 개칭하여 유린군(有隣郡)의 영현(領縣)으로 두었는데, 고려조에 이르러 지금의 이름으로 고쳤으며, 현종(顯宗) 때에는 경주에 예속시켰고, 본조에 들어와서 태조(太祖) 때에 비로소 감무를 두었다가 후에 현감으로 고쳤다.

【관원】 현감(縣監)·훈도(訓導) 각 1인.

【군명】 아혜(阿兮)·해아(海阿)·덕성(德城).

【성씨】 본현 이(李)·김(金)·명(明), 주(朱) 웅신(熊神). 정(鄭)속성(續姓)이다.

　　　　 남계 길(吉).

【형승】 동쪽으론 푸른 바다를 누르고, 서쪽으로는 중첩된 봉우리가 나란히 섰다

홍여방(洪汝方)의 기문에, "동쪽으론 넓은 바다를 눌러 파도가 만경이요, 서쪽으론 중첩된 봉우리와 나란히 서 있어 운하가 천태로다." 하였다. 돌성[石堡]은 큰 강을 베개 삼고 조서강(趙瑞康)의 시에 있다.

【산천】 호학산(呼鶴山). 현의 서쪽 9리에 있으며, 진산(鎭山)이다.

내영산(內迎山). 현의 북쪽 11리에 있다. 산에는 대(大)·중(中)·소(小) 세 개의 바위가 솥발처럼 벌려 있는데, 사람들이 3동석(動石)이라고 한다. 손가락으로 건드리면 조금 움직이지만 두 손으로 흔들면 움직이지 않는다. 신라진평왕(眞平王)이 견훤(甄萱)의 난을 이 산에서 피했다.

도리산(桃李山). 현의 북쪽 11리에 있다.

신귀산(神龜山). 현의 북쪽 10리에 있으며, 세 용(龍)이 웅덩이에 있는데 가뭄에 비를

빌면 응한다 한다.

별내현(別乃峴). 현의 남쪽 15리에 있으며 흥해군(興海郡)과의 경계에 있다.

용산(龍山). 현의 남쪽 6리에 있다.

바다. 현의 동쪽 6리에있다.

개포(介浦). 현의 동쪽 6리에 있는데, 일찍이 병선(兵船)을 배치했었으나, 해문(海門)이 광활하기 때문에 항상 풍랑의 근심이 있어서, 영일현(迎日縣) 경계인 통양포(通洋浦)로 옮겨 배치했다. 세상에 전하는 말로는, "신라 때에 군영(軍營)을 설치하고 해안 개포 세 곳에 해자(海子)를 파서 왜구를 막았다." 하였는데, 그 길이는 각각 2리이고, 깊이는 두어 길이 되었으며, 그 유적이 아직도 남아 있다.

이기로포(二岐路浦). 현의 동쪽 10리에 있다.

허혈포(虛穴浦). 현의 동쪽7리에 있으며, 돌에 빈 구멍이 있다 해서 붙인 이름이다.

고송라포(古松羅浦). 현의 북쪽 13리에 있다.

도리포(桃李浦). 현 북쪽 11리에 있다.

벌지(伐池). 현의 서쪽 7리에 있으며 둘레가 1만 3백 척이었으나 지금은 없어졌다.

【토산】 방어(魴魚)·전복(鰒)·대구(大口)·청어(靑魚)·홍합(紅蛤)·백조어(白條魚)·김[海衣]·미역[藿]·넙치[廣魚]·꿀[蜂蜜]·석이[石蕈].

【성곽】 읍성. 돌로 쌓았다. 둘레는 1천 3백 53척이며, 높이는 9자이고, 안에 2개의 우물이 있다.

【봉수】 도리산(桃李山) 봉수. 남쪽으로 흥해군(興海郡) 오산(烏山)에 응하고, 북쪽으론 영덕현(盈德縣) 황석산(黃石山)에 응한다.

『신증』【궁실】 서청관(西淸館) 객관의 서쪽에 있다.

【누정】 부옹루(孚顒樓). 곧 성(城)의 동문루(東門樓)를 말한다. 홍여방(洪汝方)의 기문이 있다. 『신증』 매죽루(梅竹樓). 동헌의 곁에 있다. 봉송정(鳳松亭). 현의 동쪽 2리에 있다. 큰 소나무 수백 그루가 있어 해문(海門)을 가린다.

【학교】 향교(鄕校). 현의 북쪽 1리에 있다.

【역원】 송라역(松羅驛). 현의 북쪽 1리에 있다. ○ 본도에 딸린 역이 일곱이니, 즉 병곡(柄谷)·대송(大松)·망창(望昌)·주등(酒登)·봉산(峯山)·육역(陸驛)·남역(南驛)이다. ○ 승 1인. 고현리원(古縣里院). 옛 청하현(淸河縣)에 있다. 금정원(金井院). 현의 서쪽 7리에 있다. 고송라원(古松羅院). 현의 북쪽 13리에 있다.

【불우】 보경사(寶鏡寺). 내영산(內迎山)에 있으며, 고려 때 이송로(李松老)가 지은 원진국사(圓眞國師)의 비가 있다.

상태사(常泰寺). 호학산(呼鶴山)에 있다.

【사묘】 사직단. 현의 서쪽에 있다.

문묘. 향교에 있다.

성황사. 용산(龍山)에 있다.

여단. 현의 북쪽에 있다.

【고적】고청하(古淸河). 지금의 현청 소재지 남쪽으로 10리 떨어져 있다.

북아부곡(北阿部曲). 현의 북쪽으로 10리에 있다.

등정부곡(等汀部曲). 현의 동쪽 7리에 있다.

김해부곡(金海部曲). 현에서 서쪽으로 7리에 있다.

모등곡부곡(毛等谷部曲). 현의 서쪽 5리에 있다.

신지부곡(新池部曲). 현의 서쪽 4리에 있다.

우천부곡(于川部曲). 현의 서쪽 10리에 있다.

남계부곡(南界部曲). 현의 남쪽 10리에 있다.

【명환】본조 민인(閔寅). 읍성을 쌓았고 또한 의창(義倉)을 설치했다. ○ 이행(李行)의 시에, "청하고을 생김은, 궁벽하게 넓은 바닷가에 있다네. 밭도 좋고 호구도 많아서, 부창(富昌) 보다 못지않았건만, 한번 왜적 일어나면서부터, 쇠하고 죽는 것 날로 심하였네. 동네와 마을이 언덕이 되고 풀밭 되어, 오랫동안 노루와 사슴 노는 고장 되었었네. 현관이 성을 쌓고, 만호(萬戶)에 신부(信符)를 두고, 배를 만들어 개포(介浦)에 대니, 수륙의 군사 위력이 생겼네. 흩어졌던 백성들이 사방에서 모여들어, 밭 갈고 집 지어서 제자리로 돌아갔네. 민후(閔侯)는 나의 친구, 일을 맡은 지가 두 해 남짓. 애써서 백성 진휼하고, 개연히 의창(義倉)도 회복했네. 또 따라서 관사도 지었으니, 점차로 청당(廳堂)이 마련되었도다. 손님과 나그네 잠자리 편하고, 관리들도 주림을 면하였네. 예전부터 수령의 직분은, 이 밖에 다른 것은 없는 것일세." 하였다. 『신증』조동호(趙銅虎).

【제영】천수상겸회차명(天水相兼晦且溟) 박효수(朴孝修)의 시에, "회호리 바람 문득 일어 바다를 뒤엎으니, 하늘과 물이 서로 어울려 어둡고도 침침하다. 은산(銀山)의 일만 봉우리 낮았다 다시 솟고, 백 천의 천둥 소리와 북 소리 일시에 일어나네. 부상(扶桑)이 떠나갈 듯 지축이 흔들리니, 누구의 장난인가 경(鯨 숫 고래)·예(鯢 암고래)의 짓일세." 하였다.

5) 〈輿地圖書〉(1757~1765)

【淸河】慶州鎭管淸河縣 東至海岸七里西至慶州界十三里南至興海界十一里北至 盈德界二十里距京八百四十一里九日程西距監營二百里二日程南距兵營一百八十 里二日程南距水營三百十里三日程南距統營五百二十里五日程

【防里】縣內面距官門五里東面距官門十里南面距官門十里西面距官門五里北面距 官門十里驛面距官門三呈 乙卯式元戶一千五百五十二戶人口六千五十一口內

男二 千五百五十二口女三千四百九十九口
【道路】自官門東距月牙丘六里自月牙丘至海岸一里西距金井里十里自金井里至
慶 州界三里南距古縣里十里自古縣里至興海界一里北距古松羅十里 自古松羅至
盈德 界十里
【建置沿革】本高句麗 阿芳縣 新羅改海阿爲有隣郡領縣高麗改今名顯宗屬慶州本
朝 太祖時始置監務後改縣監
【郡名】阿芳 海阿 德城
【形勝】東壓滄溟西竝疊巇洪汝方記東壓滄溟波濤萬頃西竝疊巇雲震千態 石堡枕
大海 趙瑞康詩
【城池】邑城 石築周一千三百五十三尺高九尺女堞一堞有東西門內有二井二池
읍성. 석성으로 둘레는 1,353척, 높이 9척, 여첩 1첩 이다. 동·서문이 있고, 성 안에 우
물 2곳과 연못 2곳이 있다.
【官職】縣監 蔭六品座首一人別監二人軍官三十人人吏三十三人知印十九人使令
十四名官奴十二名官婢十一名 松羅察訪 蔭六品吏四十五人知印二十九人使令八
名奴十八名婢十六名
【山川】呼鶴山 在縣西九里主脈自慶州鷹峰山來爲本縣鎭山 內延山 在縣北十一
里主脈自鷹峰山來山有大中小三石鼎列於巖上人稱三動石以手指觸之則微動兩手
據撼則不動新羅眞平王避甄萱亂于此山 桃李山 在縣北十一里主脈自內延山來 神
龜山 在縣北十一里主脈自鷹峰山來有三龍秋旱禱則應 別乃峴 在縣南十五里
主脈自鷹峰山來興海郡界 龍山 在縣東六里主脈自鷹峰山來 海 在縣東六里 介浦
在縣東六里嘗置兵船以其海門廣閑常有風患移置於近日縣界通洋浦世傳新羅
時置軍營鑿三垓子於浦上以防倭各長二里深數仞遺址尚在 二岐路浦 在縣東十里
虛穴浦 在縣東七里石有虛穴故名 古松羅浦 在縣北十三里 桃李浦 在縣北十一
里 伐池 在縣西七里周一萬三百尺今廢
【姓氏】本縣李金明朱 熊神 鄭 績 南界吉
【風俗】尙文敎講武藝務耕織好古朴
【舊增宮室】西淸館 在客舍西
서청관이 객사 서쪽에 있다.
【學校】鄕校 在縣北一里
【壇廟】社稷壇 在縣西七里 文廟 在鄕校 城隍壇 古在龍山今移縣東一里 厲壇 在
縣北五里 新增鶴山書院 在縣北二十里文元公 李彥迪入享
【公廨】客館 東軒 鄕樹堂 將官廳 軍官廳 人吏廳 객관, 동헌, 향사당, 장관청, 군관
청, 인리청이 있다.

(중략)

【寺刹】寶鏡寺 在內延山有高麗 李松老所撰圓眞國師碑 常泰寺 在呼鶴山今無 新增大悲菴 內院菴 繼祖菴 文殊菴 禪悅菴 俱在內近山

(중략)

【樓亭】孚顯樓 卽城東門樓有洪汝方記 舊增梅竹樓 在東軒傍今無 鳳松亭 在縣東二里 有長松數百株掩翳海門 新增風來亭 在客舍北前有池溏 海月樓 在客舍西부옹루. 즉 성의 동문루로 홍여방의 기문이 있다. 『신증』매죽루가 동헌 동쪽에 있다고 했으나 지금은 없다. 봉송정은 현의 동쪽 2리 떨어진 곳에 있다. 장송 수백그루가 있어 해문을 가리고 있다. 풍래정은 객사 북쪽에 있고, 그 앞에 연못이 있다. 해월루는 객사의 서쪽에 있다.

6) 慶尙道邑誌「淸河縣邑誌」(1832)

7) 大東地志(1864)

【방면】 현내(縣內). 끝이 5리이다. 동면(東面). 처음은 7리이고, 끝은 15리이다. 남면(南面). 처음은 5리이고, 끝은 10리이다. 서면. 처음은 5리, 끝은 10리이다. 북면. 처음은 5리, 끝은 20리이다. 역면(驛面). 북쪽으로 끝이 5리이다. ○북아(北阿) 부곡은 북쪽으로 10리, 모등곡(毛等谷) 부곡은 서쪽으로 5리, 신지(新池) 부곡은 서쪽으로 4리, 우천(于川) 부곡은 서쪽으로 10리, 남계(南界) 부곡은 남쪽으로 10리에 있다.

【성지】 덕성(德城). 남쪽으로 10리에 터가 남아 있다.

【토산】 대나무[竹].

【누정】 해월루(海月樓). 읍내에 있다.

8) 嶺南邑誌『淸河縣邑誌』(1895)

9) 吉田英三郎 著, 『朝鮮誌』(1911)

10) 『迎日邑誌』(1929)

2. 高麗史節要

卷之三 顯宗元文大王辛亥二年

- 東女眞百餘艘, 寇慶州. 동여진이 백여 척의 배로 경주에 침입하였다.
- 城淸河, 興海, 迎日, 蔚州, 長鬐.

  청하(淸河 경북 영일(迎日))·흥해(興海 경북 영일)·영일(迎日 경북 영일)·울주(蔚州 경남 울산(蔚山))·장기(長鬐 경북 영일)에 성을 쌓았다.

3. 朝鮮王朝實錄(읍성관련 발췌)

1) 세조 19권, 6년(1460 경진 / 명 천순(天順) 4년) 2월 5일(임자) 4번째기사

(전략)... 경상도(慶尙道)의 안기도(安奇道) 소관(所管)인 영해부(寧海府)의 영양역(寧陽驛)·병곡역(柄谷驛), 영덕현(盈德縣)의 주등역(酒登驛)·남역(南驛), 장수도(長守道)의 소관인 청하현(淸河縣)의 송라역(松羅驛)·흥해군(興海郡)의 망창역(望昌驛), 영일현(迎日縣)의 대송역(大松驛), 장기현(長鬐縣)의 대봉역(大峯驛), 경주(慶州)의 조역(朝驛)·육역(六驛)과, 황산도(黃山道)의 소관(所管)인 경주(慶州)의 노곡역(奴谷驛)·구어역(仇於驛), 울산군(蔚山郡)의 부평역(富平驛)·간곡역(肝谷驛) 총 14역을 합하여 한 도로 하고, 송라도(松羅道)라고 칭하여 새로 찰방(察訪)을 설치하여서 이를 맡아 보게 하소서... (후략)

2) 성종 10권, 2년(1471 신묘 / 명 성화(成化) 7년) 6월 10일(신해) 4번째기사.

경상도 진휼사(慶尙道賑恤使) 윤필상(尹弼商)이 치계(馳啓)하기를, "청하현(淸河縣)은 해문(海門)과의 거리가 겨우 5리(里)이니, 갑자기 왜변(倭變)이 있게 되면 반드시 먼저 수병(受兵)하여야 되는데, 읍성(邑城)이 매우 협착하여 무리를 용납할 수 없고, 또 두 개의 우물만이 있어 가뭄을 만나면 문득 말라버리니 그 무엇으로 수어(守禦)하겠습니까? 현(縣)의 서북쪽에 토성(土城)의 유지(遺址)가 있는데, 둘레가 1천여 척(尺)은 될 만하고 또 우물도 셋이나 있으니, 청컨대 풍년을 기다렸다가 현성(縣城)을 이축(移築)하여서 변비(邊備)를 굳게 하소서."

3) 중종 32권, 13년(1518 무인 / 명 정덕(正德) 13년) 3월 8일(정미) 4번째기사.

경상도(慶尙道) 흥해군(興海郡) 및 청하현(靑河縣)에 지진(地震)이 있었다.

청하읍성 주변의 선정비

이 부분은 〈포항시 관내 선정비 현황조사 및 원문 번역 용역보고서〉 포항시·한동대학교 산학협력단 (2019)를 인용하였다.

1. 청하읍성 주변의 선정비 현황

선정비(善政碑)는 지방의 수령이나 관리가 백성을 아끼고 고을의 발전에 공이 지대하였을 때 이를 잊지 않고 후세에 전하기 위하여 공적과 인품을 새겨 기린 비석을 말한다.

선정비라는 명칭 외에 불망비(不忘碑), 애민비(愛民碑), 청덕비(淸德碑), 거사비(去思碑), 시혜비(施惠碑), 송덕비(頌德碑) 등으로도 쓰였고, 애민선정비(愛民善政碑), 청덕애민선정비(淸德愛民善政碑)처럼 두 개 이상의 단어를 합쳐 쓰기도 하였다.

본래 수령이 떠난 뒤에 지역민들이 자발적으로 세우는 것이었으나 조선 후기에 들어와 관료들의 기강이 해이해지면서 본래 취지와는 다르게 남설(濫說)되는 문제가 발생하였다.

1929년에 나온 『영일읍지』에는 현재 전하는 14기 외에 청하에 심동구(沈東龜), 수희진(守希進), 권순선(權順善), 이장한(李章漢), 이정간(李正幹), 임시준(任時準), 정기윤(鄭岐胤), 이준악(李峻岳), 고강수(高崗壽) 현감의 선정비도 있는 것으로 보고하고 있으나, 현재는 전하지 않는다.

옛 청하현 지역에 현재 전하는 선정비 현황은 다음과 같다.

구분	선정비 제목	소재지
현감	현감김공덕붕선정비(縣監金公德鵬善政碑)	청하면 행정복지센터
	현감이후성청덕애민선정비(縣監李侯渻淸德愛民善政碑)	
	현감이공성청덕선정비(縣監李公渻淸德善政碑)	
	현감이공익영거사비(縣監李公翼榮去思碑)	
	현감이공순겸영세불망비(縣監李公純謙永世不忘碑)	
	현감민후치헌시혜불망비(縣監閔侯致憲施惠不忘碑)	
	현감조공원식영세불망비(縣監趙公元植永世不忘碑)	
	군수이공인긍시혜불망비(郡守李公寅兢施惠不忘碑)	
	현감노후세환흥학비(縣監盧侯世煥興學碑)	
	현감노후세환흥학비(縣監盧侯世煥興學碑)	청하향교
	현감임후택호열호재창건비(縣監任侯澤鎬悅乎齋創建碑)	
	○○○○○연무정비(○○○○○鍊武亭碑)	
	현감박공승현영세불망비(縣監朴公承顯永世不忘碑)	옛 화진초등학교 (송라면 화진리)
관찰사	관찰사이상공삼현애민시혜비(觀察使李相公參鉉愛民施惠碑)	청하면 행정복지센터

2. 옛 청하읍성 주변 선정비의 내용

縣監金公德鵬善政碑   현감김공덕붕선정비

비석의 문면
縣監金公德鵬善政碑

문면의 해석
縣監金公德鵬善政碑
현감 김덕붕공 선정비

후면
萬曆十二年 正月 日
만력 12년(1584) 1월 일

수령의 인적 사항
김덕붕(金德鵬) : ?~1586. 조선 중기의 문신이다. 본관은 안동이고 자는 익보(翼甫)이다. 김수경(金壽卿)의 손자이고 김해(金瀣)의 아들이며 김덕린, 김덕기, 김덕룡의 아우이다. 1546년 식년시에 진사로 합격하였고, 용인의 양지현감을 지내면서 선정이 있어서 1576년 덕정비(德政碑)가 건립되었다. 청하현감을 거쳐 청도군수로 전임되어 1586년 임지에서 별세했다.

관련 행적과 특기사항
- 명종실록 32권, 명종 21년(1566) 4월 13일 성균관 생원 김덕붕(金德鵬) 등이 상소하기를,

"주상 전하께서는 예지의 자질로 전환시킬 기회를 잡으셨습니다. 오늘 한 가지 폐단이 되는 일을 혁파하고 내일 한 가지 더럽혀진 풍속을 바꾸게 하여 모든 정치가 한결같이 새로운 데서 나오게 하려면 저 양종(兩宗) 선과(禪科)도 조석(朝夕)간에 혁파해야 될 것이므로 조야의 신민(臣民)들이 머리를 들고서 기다렸습니다. 그런데 지난번 신조(新條)를 혁파하는 즈음에 응당 혁파해야 할 열(列)에서 제외되었으므로 대신이 논하였으나 윤허하지 않고 대간이 간하였으나 들어주지 않으셨습니다. …… 부처는 사람에게 복을 줄 수는 없으나 남의 국가에 화를 끼친다는 것은 분명합니다. 그러니 전하께서는 척연(惕然)하게 깨달아야 하며 확연(廓然)하게 물리쳐야 하는데, 아직도 깨닫지 못하시고 오히려 지난날의 전철(前轍)을 따르시니, 신들은 실로 전하의 의도를 모르겠습니다. 전하의 의도는 '국전(國典)에 기재되어 있으니 마땅히 준수해야 하며 자전(慈殿)의 유교(遺敎)를 감히 어길 수 없다.'는 데 지나지 않습니다. …… 신들이 삼가 《국조보감(國朝寶鑑)》을 살펴 보니 우리 태종께서는 천복(薦福)하는 자리를 금지하게 하셨고, 세조께서도 말년에는 승국(僧國)이란 말에 뉘우치고 깨달으셨으니 이것은 전하의 가법(家法)입니다. 전하께서 처음에는 태종의 뜻을 어겼다 하더라도 지금은 세조의 뉘우침을 따라야 하겠습니다. 더구나 우리 중종 대왕께서는 불교를 엄히 배척하셔서 사우를 모두 태워 버리셨으니 참으로 한 세대에서 쾌하게 볼 수 있었던 성대한 일이었고, 40년간의 청명하고 고대했던 법은 반드시 이 거사에서 말미암지 않은 것이 없을 것입니다. 그렇다면 양종을 세우는 것이 문정 왕후의 뜻이라고 하더라도 양종을 폐지하는 것은 실로 중종의 뜻인 것입니다. …… 지난날에 신들에게 하교(下敎)하시기를 '나는 당연히 이단(異端)을 물리칠 것이다.' 하셨으니, 성교(聖敎)가 양양(洋洋)하게 아직도 신들의 귀에 남아 있는데, 전하께서 어찌 신들을 속이겠습니까. 삼가 바라건대 전하께서는 빨리 혁파하라는 명령을 내리셔서 신민들의 소망에 응답하시면 오도에 매우 다행이겠습니다."

하니, 답하기를,

"내가 이단을 숭상하고 받들기 때문에 혁파하지 않는 것이 아니다. 단지 문정 왕후의 유교가 또렷하여 신자의 도리로서 경솔하게 변경할 수 없기 때문이다."

하였다.

- 청도군지, 청도군, 1871, 읍재(邑宰)

김덕붕(金德鵬)은 서울 사람이다. 을유년(1585) 2월에 부임하여 병술년(1586) 3월에 관청에서 별세하였다.(金德鵬 京人 乙酉二月到任 丙戌三月卒于官)

縣監李侯渻淸德愛民善政碑　현감이후성청덕애민선정비

비석의 문면

○○○○ ○旬之德

澤洽專城 究及海民

縣監李侯渻淸德愛民善政碑

麟族等閑 俾也可忘

海若成○ 於千萬春

建隆三年五月日

문면의 해석

縣監李侯渻淸德愛民善政碑

현감 이성 원님 청덕애민비

○○○○(…)

澤洽專城 은택이 이 고을에 흡족하였고

○旬之德 …… 하신 원님의 은덕이

究及海民 바닷가 백성 끝까지 이르렀네

麟族等閑 바다의 생물들이 무심하다면

海若成○ 바다의 신이라도 …을 이루리라

俾也可忘 그들로 하여금 잊게 할 수 있으랴

於千萬春 천년이 지나고 만년에 이르도록

建隆三年五月日

건륭3년(1738) 5월 일

수령의 인적사항

이성(李渻) : 조선 후기의 문신이다. 본관은 연안이며 이익저(李益著)의 아들이다. 돈녕부 참봉을 시작으로 금부도사 등을 지내다가 청하에 부임했다. 청하에는 1735년 부임하여 1739년까지 재직했으며, 청백한 관직으로 포상을 받은 기록이 있다. 청하현의 기록으로는 그의 선정비가 5개처에 세워졌다고 하였으나 현재는 2건이 보존되어 있다.

관련 행적과 특기사항

- 승정원일기 영조 6년(1730) 3월 25일 이성(李渻)을 돈녕부 참봉(敦寧參奉)으로 삼았다.
- 승정원일기 영조 7년(1731) 2월 4일 이성을 선릉 참봉(宣陵參事)으로 삼았다.
- 승정원일기 영조 10년(1734) 2월 10일 이성을 금부 도사(禁府都事)로 삼았다.
- 승정원일기 영조 10년(1734) 2월 22일 이광세(李匡世)가 아뢰었다.

"지금 금부도사 이성의 장계를 보니, 죄인을 잡아오는 날짜가 지체한 연유를 말했습니다. 그가 가슴과 배에 통증이 있다는 것을 말하는 데에서 왕께 아뢰는 문자를 외람되이 썼습니다. 질병으로 인한 것은 진실로 괴이할 것이 없지만, 번거롭게 마구 말한 것은 망극합니다. 그 일의 체통에 있어서 경고하고 책망하는 도리가 없어서는 안 되겠습니다. 추고하는 것이 어떻겠습니까?"

"허락한다."

- 승정원일기 영조 11년(1735) 윤 4월 10일 이성을 사직 령(社稷令)으로 삼았다.
- 승정원일기 영조 11년(1735) 5월 28일 이성을 청하 현감(淸河縣監)으로 삼았다.
- 승정원일기 영조 15년(1739) 6월 20일 송인명(宋寅明)이 말했다.

"전 경상감사의 장계 속에서, 청하현감 이성(李渻)이 도사(都事)를 모신 아전을 마구 때린 일이 있었습니다. 비록 그 사이의 곡절을 알지 못하지만 체통에 관련된 점에서는 매우 해괴한 일입니다. 그저 전례에 따라 장계를 보고 파직하고 말 수는 없으니 나포하여 심문하고 판단하여 처리하는 것이 어떻겠습니까?"

"아뢴 대로 하라."

- 승정원일기 영조 15년(1739) 6월 23일

의금부(義禁府)에서 아뢰었다.

"청하 전 현감 이성(李渻)을 나포하여 심문하라는 전지가 내려졌습니다. 이성은 지금 공홍도(公洪道) 홍주의 본가에 있습니다. 전례에 따라 의금부 나장(羅將)을 보내어 잡아오는 것이 어떻겠습니까?"

"허락한다."

縣監李公渻淸德善政碑　현감이공성청덕선정비

비석의 문면

德若崑崗 捐俸蠲賦

淸如白玉 遍及海陸

縣監李公渻淸德善政碑

乾隆四年己未八月日

문면의 해석

縣監李公渻淸德善政碑

현감 이성 원님 청덕선정비

德若崑崗 덕은 곤륜산처럼 높았고

淸如白玉 맑기는 백옥과 같았네

捐俸蠲賦 녹봉을 덜어주고 부역을 없애니

遍及海陸 어민과 농민에게 은혜가 미쳤네

乾隆四年己未八月日

건륭 4년(1739) 기미 8월 일

수령의 인적사항

앞의 내용과 같음.

관련 행적과 특기사항

앞의 내용과 같음.

縣監李公翼榮去思碑　현감이공익영거사비

비석의 문면

嘉慶十九年三月日
縣監李公翼榮去思碑
除○浦○ 民以片石
前所未能 頌德千秋

문면의 해석

縣監李公翼榮去思碑
현감 이익영공 거사비
除○浦○ 바닷가의 …를 제거하시니
前所未能 이전에는 하지 못하던 일이라
民以片石 백성은 작은 돌에 새겨서
頌德千秋 천추토록 그 덕을 칭송하네
嘉慶十九年三月日
가경 19년(1814) 3월 일

수령의 인적 사항

이익영(李翼榮) : 1765~?. 조선 후기의 문신이다. 자는 경지(敬之)이고 본관은 전주이며 이상중(李相重)의 아들이다. 1786년 식년시에 생원으로 합격하였으며, 성균관에서 공부하다가 원릉참봉으로 관직에 나왔다. 장악원 주부와 형조좌랑을 거쳐 청하현감과 함흥판관 등의 외직을 맡았다. 청하에는 1804년에 부임하여 1808년에 부친상으로 사직할 때까지 재직하였다.

관련행적과 특기사항

- 승정원일기 정조 6년(1782) 7월 11일 관학유생 이익영
- 승정원일기 정조 18년(1794) 3월 18일
- 방외유생(方外儒生)의 응제(應製) 어고방(御考榜), …… 초삼하일(草三下一) 생원 이익영(李翼榮), 나이 30, 본관 전주, 서울 거주, 아버지 유학 이상중(李相重), …… 이상에게 각

각 붓 두 자루와 먹 한 자루를 내렸다.

- 승정원일기 순조 2년(1802) 1월 10일 이익영(李翼榮)을 원릉 참봉(元陵參奉)으로 삼았다.
- 승정원일기 순조 3년(1803) 8월 20일 이익영을 부사과(副司果)로 삼았다.
- 승정원일기 순조 3년(1803) 9월 15일 이익영을 장악원 주부(掌樂主簿)로 삼았다.
- 승정원일기 순조 4년(1804) 2월 6일 이익영을 형조 좌랑(刑曹佐郞)으로 삼았다.
- 승정원일기 순조 4년(1804) 2월 13일 이익영을 경모궁 령(景慕宮令)으로 삼았다.
- 승정원일기 순조 4년(1804) 12월 22일 이익영을 청하 현감(淸河縣監)으로 삼았다.
- 승정원일기 순조 7년(1807) 11월 20일

"경상감사 윤광안(尹光顔)이 비국에 보고한 내용을 보았더니 청하현감(淸河縣監) 이익영(李翼榮)의 첩정을 낱낱이 거론하고 나서 말하기를, '청하현은 포항창(浦項倉)에 소속된 읍인데 현재의 곡물 수가 대미·소미는 43섬 영(零)이고 벼는 65섬 영입니다. 감색(監色)·고직(庫直)의 급료는 벼를 지급하는데 36섬이나 되므로 해마다 원래의 벼가 점차 줄어들고 있어 끝내는 한 포도 남아나지 않겠습니다. 또 겨울과 봄에 주고 받는 것이 적지 않은 민폐가 되니 경주 읍 등의 전례에 의해 감색·고직에게 요로 주는 규정을 없애고 곡물은 읍의 창고에 받아두도록 해주십시오.' 라고 하였습니다. 당초 경주 등 5읍을 포항창에 나누어 소속시킨 것은 곡물을 저축해서 남북이 교제(交濟)하도록 하기 위해서인데, 남은 곡물이 1백여 섬에 지나지 않고 매년 내어줄 것은 40섬 가까이 되니 몇 년 뒤에는 다 없어지게 생겨 일이 매우 의의가 없고 한갓 민폐만 되고 있습니다. 경주 읍 등의 전례가 있으니 올해부터는 보고한 대로 읍의 창고에 받아두라고 분부하는 것이 어떻겠습니까?"

"그리하라."

- 승정원일기 순조 8년(1808) 7월 2일

"경상감사 정동관(鄭東觀)의 장계에 의하면. 청하현감 이익영(李翼榮)이 아버지의 상사를 당하여 김이영(金履永)에게 전하였다 합니다. 해당 부서에 명하여 즉시 임명하도록 명하시고 날짜를 늦추지 말고 조정에 하직하게 하소서."

- 승정원일기 순조 12년(1812) 4월 13일 이익영을 호조 정랑(戶曹正郞)으로 삼았다.
- 승정원일기 순조 14년(1814) 8월 11일

류정양(柳鼎養)이 호조의 의견으로 아뢰었다.

"저희 부서의 …… 정랑 이익영은 지금 이미 임기만료가 되었지만, 그의 직책과 관장하는 여러 임무들이 모두 번거롭고 어렵습니다. 흉년에 호조의 일을 익숙하지 않은 사람의 손에 맡기기는 어려우니, 지금 잠시 임기를 연장하시는 것이 어떻겠습니까?"

"허락한다."

- 승정원일기 순조 15년(1815) 9월 15일

이조의 의견으로 아뢰었다.

"호조정랑 이익영의 정장에 의하면, 그는 가래가 끓는 병을 앓고 있어서 무시로 발작하는 데다 독감이 더하였으므로 며칠 내로는 일어나 직책을 살필 가망이 전혀 없다고 합니다. 그 몸에 병이 이와 같으니 억지로 임무를 맡으라고 하기도 어렵습니다. 개차하는 것이 어떻겠습니까?"

"허락한다."

- 승정원일기 순조 18년(1818) 9월 20일 이익영을 호조 정랑(戶曹正郎)으로 삼았다.
- 승정원일기 순조 19년(1819) 10월 4일 이익영을 함흥 판관(咸興判官)으로 삼았다.
- 승정원일기 순조 22년(1822) 6월 15일 이익영을 금천 군수(金川郡守)로 삼았다.

縣監李公純謙永世不忘碑　현감이공순겸영세불망비

비석의 문면

百廢俱興 海役隣費 捐廩鍊武 祭具極潔
樊邑復完 力不煩民 置田興學 海弊永革
縣監李公純謙永世不忘碑
同治十一年三月日

문면의 해석

縣監李公純謙永世不忘碑
현감 이순겸공 영세불망비
百廢俱興 폐해졌던 모든 것이 함께 흥해지니
樊邑復完 잔폐하던 고을이 다시 완전해졌네
海役隣費 바닷가 노역을 이웃과 함께 하되
力不煩民 백성의 힘을 번거롭게 아니했네
捐廩鍊武 창고를 덜어 무예를 익히게 하고
置田興學 토지를 장만하여 학교를 흥기했네
祭具極潔 제사 도구는 지극히 정결해지고
海弊永革 바닷가의 폐단은 영원히 혁파되었네
同治十一年三月日
동치 11년(1872) 3월 일

수령의 인적사항

이순겸(李純謙) : 생몰년 미상. 조선후기의 문신이다. 1843년 진사시에 합격하였으며 1862년 예빈시 참봉을 시작으로 관직에 나왔다. 이인찰방으로 선정을 베풀어 임기를 연장하여 근무하였다. 청하에는 1870년에 부임하여 만 1년간 재직했는데, 그간에 외국의 배가 앞바다에 출몰하여 긴장된 시기를 보냈다. 1871년 부모의 병으로 사직하였다.

관련 행적과 특기사항

- 승정원일기 헌종 9년(1843) 3월 11일
  임금께서 희정당에 나오셨다. 생원 진사에 새로 합격한 사람들이 사은하러 입시하였다.

…… 진사 이순겸(李純謙) 등이 동서로 나누어 선 뒤에 차례로 앞으로 나왔다.
- 승정원일기 철종 13년(1862) 4월 25일 이순겸을 예빈시 참봉(礼賓參奉)으로 삼았다.
- 승정원일기 고종 1년(1864) 6월 20일 이순겸을 선공감 봉사(繕工奉事)로 삼았다.
- 승정원일기 고종 4년(1867) 12월 25일 이순겸을 이인찰방(利仁察訪)으로 삼았다.
- 승정원일기 고종 7년(1870) 3월 17일
  "공충도 감사 민치상(閔致庠)의 장계를 보니, 이인찰방 이순겸(李純謙)이 3년간 관직에 있으면서 조금도 해이해지지 않았으며 역참의 일은 잘 된 것이 많았으며 마필을 챙기는 일도 잘 되었습니다. …… 그가 임기가 되어 떠나가는 것을 여론이 안타까워합니다."
- 승정원일기 고종 7년(1870) 3월 20일
  "이인찰방 이순겸을 한 번 더 유임시키라는 전교를 받들었습니다."
- 승정원일기 고종 7년(1870) 12월 24일 이순겸을 청하 현감(清河縣監)으로 삼았다.
- 『동래부계록(東萊府啓錄)』7,1871년 3월 16일
  승정원에서 열어보십시오.
  영해부(寧海府)의 적도가 변란을 일으킨 연유에 대해서는 이미 치계(馳啓)하였거니와, 본월 16일 축시(丑時)에 도착한 청하 현감(清河縣監) 이순겸(李純謙)의 치보(馳報)에, "영해부 적도의 변란을 탐지하기 위해 장교 김학봉(金學奉)·하리(下吏) 정치성(鄭致成)·사령(使令) 김명원(金明元) 등을 따로 파견하였더니, 13일 진시(辰時)에 돌아와서 보고하기를, '12일 진시에 영해 읍내에 도착하여 적도의 정황을 탐문하였는데, 해당 부사가 적도에게 살해를 당한 것이 과연 들은 바와 같았고, 11일 미시(未時)에 적도가 점점 물러가서 성안이 비었습니다.'라고 하기에 이에 의거하여 치보합니다."라고 하였습니다. 적도가 부내로 들어가서 밤새도록 초멸되지 못하다가 마음대로 흩어져 간 것이 진실로 분통하기에 신영(臣營)에서 다시 장교와 나졸을 파견하여 다방면으로 수색하여 체포할 것이며, 이러한 내용을 치계하니, 선계(善啓)하여 주십시오.
- 『동래부계록(東萊府啓錄)』7, 1871년 04월 03일
  초3일 도착한 청하현감 이순겸(李純謙)의 치보 내용입니다. 지난 달 28일 미시에 백색 돛 3개짜리 이양선(異樣船) 한 척이 청진 바깥바다에 모습을 드러내더니, 계속하여 북에서 남으로 갔습니다. 척후 감관의 치고(馳告)에 근거하여 치보(馳報)합니다.
  『동래부계록(東萊府啓錄)』7, 1871년 07월14일
  유시에 도착한 청하현감 이순겸의 치보 내용입니다. 초6일 미시에 흰색 돛 3개짜리 이양선 한 척이 지경나루 앞바다에 모습을 드러내어 북에서 남으로 향했습니다. 척후 감관의 치보에 근거하여 치보합니다.
- 승정원일기 고종 8년(1871) 12월 11일
  이조에서 아뢰었다.

"경상감사 김세호(金世鎬)의 장계에 의하면, 청하현감 이순겸이 그 어버이의 병으로 인하여 연속으로 사임장을 올렸습니다. 부득이 직을 파하여 내보낼 일로 아룁니다."

"이렇게 치적이 있는 사람을 어떻게 해임하여 보내겠는가. 예산현감(礼山縣監)과 바꾸도록 하라."

- 승정원일기 고종 10년(1873) 10월 7일

이조에서 아뢰었다.

"충청감사 성이호(成彝鎬)의 장계에 의하면, 예산현감 이순겸이 모친상을 당하였다 합니다."

"담당 부서에서 새 현감을 차출하여 재촉하여 내려보내라."

縣監閔侯致憲施惠不忘碑　현감민후치헌시혜불망비

비석의 문면

俵麥爲種 捐錢補賑 流踵安堵 曷以報德
化洽歌歧 民無呼飢 衆口成碑 龜頭不欹
縣監閔侯致憲施惠不忘碑
光緒九年十一月日

문면의 해석

縣監閔侯致憲施惠不忘碑
현감 민치헌 원님 시혜불망비
俵麥爲種 보리를 내어줘 씨뿌리게 하시니
化洽歌歧 노래하는 밭둑마다 은혜가 넘치네
捐錢補賑 사비를 내어 진휼하는 데 보태시니
民無呼飢 배고파 부르짖는 백성이 없었네
流踵安堵 떠돌던 백성이 안도하며 따르고
衆口成碑 사람들의 칭송은 비석이 되었네
曷以報德 무엇으로 이 은덕을 갚으랴
龜頭不欹 비석 머리가 기울지 않으리
光緒九年十一月日
광서 9년(1883) 11월 일

좌측면

都監 李基○
監官 安時衡
色吏 李文彪

좌측면 해석

都監 李基○ 監官 安時衡 色吏 李文彪
도감 이기○ 감관 안시형 색리 이문표

우측면

公兄 鄭永祜

李懿榮

우측면 해석

公兄 鄭永祜 李懿榮

공형 정영호 이의영

수령의 인적사항

민치헌(閔致憲)∶1844~1903. 조선 말기의 문신이다. 본관은 여흥으로 민태현(閔泰鉉)의 아들이다. 음직(蔭職)으로 청하현감(淸河縣監) 등을 역임하다가 1885년(고종 22) 9월 증광별시문과에 병과로 등제한 뒤 그해 10월 홍문관부수찬이 되었다. 이듬해 돈녕부도정(敦寧府都正)이 되었으며, 1887년 9월 사간원대사간에 임명되었다.

사간원 재임시 여러 차례 직간(直諫)을 올리고 대사간을 사임하고자 하였으나 뜻을 이루지 못하였다. 1888년 4월 이조참의로 발탁되고 그해 8월 성균관대사성에 올랐으며, 이듬해 승정원우승지가 되었으며, 1892년 동지돈녕부사(同知敦寧府事)가 되었다.

1894년 고부에서 동학농민군이 봉기하여 전국적인 농민전쟁으로 비화될 즈음 지방관인 경주부윤의 외직에 있었다. 동학농민전쟁 발발에 대한 책임을 지고 민씨척족들이 유배형을 받게 될 때 민치헌도 그해 6월 홍원현(洪原縣)에 정배되었다가 그해 9월 풀려났다.

1896년 중추원1등 의관에 임명되고 칙임관2등에 서임되었으며, 1899년 궁내부특진관이 되었다. 1900년 4월 의정부찬정(議政府贊政)이 되고 이어 칙임관1등에 올랐다. 그해 7월 회계원경, 이듬해 다시 궁내부특진관과 칙임관1등에 이르렀다. 시호는 효헌(孝獻)이다.

청하에는 1882년 현감으로 부임하여 1884년 청안현감으로 가면서 이임하였다.

관련 행적과 특기사항

- 승정원일기 고종 10년(1873) 10월 6일 민치헌(閔致憲)을 부사용(副司勇)으로 삼았다.
- 승정원일기 고종 14년(1877) 4월 6일 민치헌을 부사과(副司果)로 삼았다.
- 승정원일기 고종 15년(1878) 6월 30일 민치헌을 송라도 찰방(松羅道察訪)으로 삼았다.
- 승정원일기 고종 17년(1880) 12월 29일 송라도 찰방 민치헌과 김천도 찰방(金泉道察訪) 최성재(崔成在)를 서로 바꾸었다
- 승정원일기 고종 19년(1882) 8월 19일 "청하 현감(淸河縣監) 마기승(馬箕昇)과 김천 찰방(金泉察訪) 민치헌(閔致憲)을 서로 바꾸라."

- 승정원일기 고종 21년(1884)8월 18일

  이조에서 아뢰었다.

  "경상 감사 조강하(趙康夏)가 진휼(賑恤)을 마치고 올린 장계와 별단(別單)을 보니, ……
  청하 현감(淸河縣監) 민치헌(閔致憲)은 녹봉을 덜어 보탠 전이 2040냥이고, …… 위의
  두 읍의 수령(守令)과 한 역(驛)의 찰방에게 모두 포상해야 하니, 의당 아마(兒馬)를 하사
  하는 은전을 베풀어야 할 듯합니다. …… 상께서 재가(裁可)해 주시는 것이 어떻겠습니
  까?"

  "회계(回啓)한 대로 시행하라."

- 승정원일기 고종 21년(1884) 11월 2일 청하 현감 민치헌과 청안 현감(淸安縣監) 김승균
  (金勝均)을 서로 바꾸었다.

- 승정원일기 고종 22년(1885) 9월 14일

  "관학 유생 응제에 입격한 유학 김규영(金奎永)과 민치헌(閔致憲), 진사 정이원(鄭履源),
  유학 이경직(李耕稙), 이상은 전시(殿試)에 직부하도록 하라고 하명하셨던 자들인 바, 아
  울러 이번에 응시하도록 허락해 주어야겠다고 보고해 왔습니다. 유학 김능기 등 7인을
  규례대로 이번 증광 문과 전시에 응시하도록 허락하라고 분부하는 것이 어떻겠습니까?"

  "윤허한다."

- 승정원일기 고종 22년(1885) 9월 19일

  상이 건청궁(乾淸宮)에 나아가 새로 급제한 사람들의 사은(謝恩)을 친히 받았다.

  …… 문과 병과 민치헌(閔致憲)

- 승정원일기 고종 22년(1885) 10월 22일

  "청안 현감(淸安縣監) 민치헌(閔致憲)을 부수찬에 제수하라."

縣監趙公元植永世不忘碑　현감조공원식영세불망비

비석의 문면
德如淸風 千載欽仰
心同白玉 存諸片石
縣監趙公元植永世不忘碑
光緖十六年庚寅五月日

문면의 해석
縣監趙公元植永世不忘碑
현감 조원식공 영세불망비
德如淸風 덕은 청풍과 같고
心同白玉 마음은 백옥과 같아
千載欽仰 천년이 되도록 우러르는 마음
存諸片石 한 조각 돌에 새겨두네
光緖十六年庚寅五月日
광서 16년(1890) 경인 5월 일

수령의 인적사항

조원식(趙元植) : 1842~?. 조선 후기의 문신이다. 본관은 한양이며, 중봉(重峯) 조헌(趙憲)의 주손으로 조제열(趙濟說)의 아들이다. 자는 인백(仁伯)이다. 음직으로 휘릉참봉 등을 지내다가 1885년 식년시에 생원으로 합격하였다. 이후 외직으로 나가 여러 곳의 현감과 고성과 상주의 군수를 지냈다.
청하에는 1889년 부임하여 1891년 자인현감으로 전임되었다. 청하현감으로 있던 시절에 백성을 사랑하고 어진 정치를 베풀어 백성들이 다시 부임하기를 요청하였다는 기록이 있다.

관련 행적과 특기사항

- 승정원일기 고종 11년(1874) 3월 5일 조원식(趙元植)을 휘릉 참봉(徽陵參奉)으로 삼았다.
- 승정원일기 고종 18년(1881) 윤7월 29일 조원식을 사직서 령(社稷署令)으로 삼았다.
- 승정원일기 고종 21년(1884) 6월 30일 조원식을 정산 현감(定山縣監)으로 삼았다.

- 승정원일기 고종 22년(1885) 8월 6일 조원식을 진위 현령(振威縣令)으로 삼았다.
- 승정원일기 고종 23년(1886) 6월 4일 조원식을 청양 현감(靑陽縣監)으로 삼았다.
- 승정원일기 고종 23년(1886) 8월 20일 맑음
- 또 사복시 일제조와 이제조의 뜻으로 아뢰기를,

  "이번 제주(濟州)에서 나온 후운(後運)의 세공마(歲貢馬)는 연로(沿路)에서 죽은 것이 이처럼 많으니, 호송을 잘하지 못하여 다수의 말을 죽게 한 지방관인 … 청양 현감(靑陽縣監) 조원식(趙元植) … 등을 해부로 하여금 나문(拿問)하여 처리하게 하는 것이 어떻겠습니까?"

  "윤허한다. 진실로 엄중하게 처벌해야 할 것이나 참작하여 헤아린 바가 있으니, 모두 엄하게 추고하여 다시는 감히 이와 같은 일이 없게 하라고 각별히 엄중하게 신칙하라."
- 승정원일기 고종 24년(1887) 2월 27일 조원식을 함창 현감(咸昌縣監)으로 삼았다.
- 승정원일기 고종 26년(1889) 1월 30일 조원식을 청하 현감(淸河縣監)으로 삼았다.
- 승정원일기 고종 28년(1891) 7월 29일 조원식을 자인 현감(慈仁縣監)으로 삼았다.
- 승정원일기 고종 29년(1892) 3월 8일

  상이 일렀다.

  "열읍(列邑) 중에 치적(治績)이 우수한 자가 몇 사람인가?"

  김사철이 아뢰었다.

  "서계 가운데 다 들어 있습니다."

  "그렇다면 가장 우수한 자가 조원식(趙元植)인데, 이 자는 바로 중봉(重峯) 조헌(趙憲))의 사손(祀孫)이다. 명가의 후예이니, 이와 같은 것이 당연하다."

  "진실로 그렇습니다만, 요즘 수재(守宰)가 녹봉을 덜어 폐단을 바로잡는 것은 정말이지 드문 일입니다."
- 승정원일기 고종 29년(1892) 3월 30일

  경상도 암행어사 김사철(金思轍)의 서계(書啓)를 보니, "… 전 청하 현감(淸河縣監) 조원식(趙元植)은 부임하던 초기에 휼전(恤錢)과 병료(兵料)에 대해서 모두 녹봉을 털어 도와주고 가난한 집의 세금을 감면해 주고 음식값으로 내는 세금을 경감시켜 백성들을 곤란에서 벗어나게 해 주어 다시 부임하기를 간절히 바라고 있다 하며, … 승서(陞敍)하여 조용(調用)하는 은전(恩典)을 시행해야 할 듯하며, … 품처하도록 하는 것이 어떻겠습니까?"
- 승정원일기 고종 29년(1892) 12월 10일 조원식을 예안 현감(禮安縣監)으로 삼았다.
- 승정원일기 고종 30년(1893) 7월 28일 조원식을 안의 현감(安義縣監)으로 삼았다.
- 승정원일기 고종 31년(1894) 6월 29일 조원식을 고성 군수(固城郡守)로 삼았다.
- 승정원일기 고종 31년(1894) 12월 27일

  "방금 영남 위무사(嶺南慰撫使) 이중하(李重夏)의 장본을 보니, …… 안의 현감(安義縣監) 조원식은 충성과 의리를 발휘하여 요사스러운 적을 소탕하였으니, 모두 가자(加資)하소서."

郡守李公寅兢施惠不忘碑　군수이공인긍시혜불망비[190]

비석의 문면
賢侯惠澤 一片短碣
遍及海民 萬歲不泯
郡守李公寅兢施惠不忘碑
庚子四月日 海民立
主事　李弼龍
　　　崔日岩

문면의 해석
郡守李公寅兢施惠不忘碑
군수 이인긍공 시혜불망비
賢侯惠澤 어진 원님 은혜와 덕택이
遍及海民 바닷가 백성에게 두루 미쳤네
一片短碣 한 조각 작은 비석이지만
萬歲不泯 만세토록 없어지지 않으리
庚子四月日 海民立
경자년(1900) 4월 일 바닷가 백성이 세움
主事 李弼龍 崔日岩
주사 이필용 최일암

수령의 인적사항
이인긍(李寅兢) : 1867~?. 조선말기의 문신이다. 본관은 전주이다. 1878년 삼릉참봉으로 관직에 나와 평시서(平市署)와 전환국(典圜局) 등 초기의 개화관직을 역임하고 외직으로 나갔다. 양성과 군위의 현감을 역임한 뒤 1896년 지방행정단위를 군(郡)으로 전환한 뒤 청하, 예천, 영월 자인 등의 군수를 지냈다. 청하현(淸河縣)이 청하군(淸河郡)으로 바뀐 1896년에 군수로 부임하여 1899년 진산군수로 전임되었다. 청하에 있는 동안 일본인 어부들이 영해를 침범하는 것을 바로잡기 위해 노력하였다.

---

190 1895년 청하군으로 개칭된 후 고을 수령 명칭도 군수로 바뀌었는데, 이인긍은 1896년에 청하군수로 부임했다. 『영일읍지』 현감 명단에는 없다.

관련 행적과 특기사항

- 승정원일기 고종 15년(1878) 5월 21일 이인긍(李寅兢)을 삼릉참봉으로 삼았다.
- 승정원일기 고종 18년(1881) 3월 21일 이인긍을 가감역관(假監役官)으로 삼았다.
- 승정원일기 고종 18년(1881) 4월 10일

  이조에서 아뢰었다.

  "선공감 가감역관 이인긍(李寅兢)이 신병을 이유로 정장하여 체직을 청하였으니, 개차하는 것이 어떻겠습니까?"

  "윤허한다."

- 승정원일기 고종 18년(1881)7월 5일 이인긍을 내자시 봉사(內資寺奉事)로 삼았다.
- 『청우일록(靑又日錄)』, 1881

  재당숙 병의(炳毅)가 와서 말했다.

  "지금 내자시 봉사인 이인긍(李寅兢)은 광평대군파의 녹천(鹿川) 영상 유(濡)의 종6대손인데, 신랑될 감이 되고 나이는 지금 15세라 한다."

- 승정원일기 고종 19년(1882)2월 21일 봉사 이인긍에게 아마 1필을 사급하라.
- 승정원일기 고종 19년(1882)3월 16일 이인긍을 휘경원 직장(徽慶園直長)으로 삼았다.
- 승정원일기 고종 20년(1883)12월 29일 이인긍을 평시서 주부(平市署主簿)로 삼았다.
- 승정원일기 고종 21년(1884)6월 30일 이인긍을 전환국 위원(典圜局委員)으로 삼았다.
- 승정원일기 고종 25년(1888)6월 7일 이인긍을 제용감 주부(濟用監主簿)로 삼았다.
- 승정원일기 고종 26년(1889)1월 27일 이인긍을 양성 현감(陽城縣監)으로 삼았다.
- 승정원일기 고종 26년(1889)9월 18일 의금부의 말로 아뢰었다.

  "경기 감사 조동면(趙東冕)의 장계 내에, '남양 부사(南陽府使) 민영기(閔泳綺), 양성 현감(陽城縣監) 이인긍(李寅兢), 포천 현감(抱川縣監) 홍종희(洪鍾喜), 양지 현감(陽智縣監) 전양묵(全良默) 등을 모두 파출하고 그 죄상을 유사로 하여금 품처하도록 하소서.' 한 일에 대해 계하하셨습니다. 민영기, 전양묵 등은 지금 막 대명하였기에 모두 나수하였고, 이인긍, 홍종희 등은 모두 임소에 있다고 하니 규례대로 본부의 나장을 보내어 모두 잡아오는 것이 어떻겠습니까?"

  "대명하기를 기다려 나수하라."

- 승정원일기 고종 29년(1892) 4월 24일 이인긍을 군위 현감(君威縣監)으로 삼았다.
- 승정원일기 고종 33년1896) 9월 8일 청하 군수(淸河郡守)에 이인긍(李寅兢)을 임용하였다.
- 승정원일기 고종 36년(1899) 6월 25일 진산 군수(珍山郡守)에 이인긍을 임용하였다.
- 승정원일기 고종 37년(1900) 3월 13일 진산 군수(珍山郡守) 이인긍의 본관을 의원면직하였다.

縣監盧侯世煥興學碑 현감노후세환흥학비

현감 노세환 흥학비(향교)

비석의 문면

○癸巳○○○○文廟未完而去○○○○
○○○○○○○告成○○○○○○○事偉○○○
○○○○○○○垂德音
縣監盧侯世煥興學碑
戊午正月日 謹竪

문면의 해석

縣監盧侯世煥興學碑
현감 노세환 원님 흥학비
○癸巳 ○○○○文廟未完而去○○○○
○○○○○○○告成○○○○○○○事偉○○○
○○○○○○○垂德音
(해석문은 다음 비석에 있음)
戊午正月日 謹竪
무오년 정월 일 삼가 세움

수령의 인적사항

노세환(盧世煥)：1687~. 조선 후기의 문신이다. 자는 회이(晦而)이고 본관은 풍천이며 동지중추부사 노정(盧錠)의 아들이다. 1687년 식년시에 진사로 합격하여 벼슬에 나왔으며 청하현감을 지낸 뒤에 세제익위사 익위로 옮겼다. 다시 외직으로 나가 금천과 음죽의 현감을 지냈다. 퇴직한 뒤에 첨지, 동지중추부사, 부호군 등에 가자되었다. 청하에는 25세 되던 1711년에 부임하여 3년간 재직하였다.

관련 행적과 특기사항

- 승정원일기 숙종 30년(1704) 6월 1일 노세환(盧世煥)을 경릉 참봉(敬陵參奉)으로 삼았다.
- 승정원일기 숙종 34년(1708) 7월 4일 노세환을 의영고 직장(義盈庫直長)으로 삼았다.
- 승정원일기 숙종 36년(1710) 4월 28일 노세환을 사포서 별제(司圃別提)로 삼았다.
- 승정원일기 숙종 36년(1710) 4월 29일 노세환을 감찰(監察)로 삼았다.

- 승정원일기 숙종 37년(1711) 6월 29일 노세환을 청하 현감(淸河縣監)으로 삼았다.
- 승정원일기 경종 2년(1722) 1월 22일 노세환을 익위(翊衛)로 삼았다.
- 승정원일기 경종 2년(1722) 12월 24일 노세환을 평시서 령(平市令)으로 삼았다.
- 승정원일기 경종 3년(1723) 2월 20일 노세환을 금천 현감(衿川縣監)으로 삼았다.
- 승정원일기 영조 3년(1727) 5월 29일 음죽 현감(陰竹縣監) 현제강(玄悌綱)과 금천 현감 노세환을 서로 바꾸었다.
- 승정원일기 영조 18년(1742) 7월 5일 김재로가 아뢰었다.
  "전(前) 현감 노세환은 나이가 80입니다. …… 특별히 은전을 베푼 예가 있으니 지금도 은전을 베푸시는 것이 어떻겠습니까?"
  "가자(加資)하는 것이 좋겠다."
- 승정원일기 영조 18년(1742) 9월 11일 노세환을 첨지(僉知)로 삼았다.
- 승정원일기 영조 20년(1744) 9월 10일
  "노세환 등에게 가선대부의 품계를 더하는 것은, 주상께서 기로사(耆老社)에 들어가신 뒤에 은혜를 더하여 가자하는 일로 전교를 받았습니다."
- 승정원일기 영조 21년(1745) 1월 28일 노세환을 동지중추부사(同知)로 삼았다.
- 승정원일기 영조 21년(1745) 3월 5일
  "동지중추부사 … 노세환 … 등은 모두 연로한 사람들로서 병도 있으므로 직책을 해낼 수 없습니다. 중추부가 비록 한가한 부서이지만 한결같이 헛된 관직만 가지고 있을 수는 없습니다. 지금 모두 개차하는 것이 어떻겠습니까?"
  "윤허한다."

縣監盧侯世煥興學碑　현감노후세환흥학비

현감 노세환 흥학비(행정복지센터)

비석의 문면
○癸巳○○玆新學文廟 未完而去
後柳侯侯迪金侯世遇來而越四載丙申告成
噫三侯之德克勤于事俾我有學無替惟
我○○○○○○磐石以表頌曰
前有盧侯後有柳金 克新廟宇昭垂德音
縣監盧侯世煥興學碑
丁未四月日 改立
齋任 李○○

문면의 해석
縣監盧侯世煥興學碑
현감 노세환 원님 흥학비
○癸巳○○玆新學文廟 未完而去 後柳侯迪 金
侯世遇來 而越四載丙申告成 噫三侯之德 克勤
于事 俾我有學無替 惟我○○○○○磐石以表 頌曰

계사년(숙종 39년(1713))에 여기에 … 새 향교와 대성전을 완성하지 못하고 떠났다. 그 뒤에 류적(1715년 청하현감으로 부임) 원님과 김세우(1716년에 청하현감으로 부임) 원님이 오셔서 4년을 지나서 병신년(숙종 42년(1716))에 완성되었다. 아아, 세 원님의 덕으로 일에는 지극히 근면하셨으며, 우리로 하여금 학교가 있고 변함이 없도록 하셨다. 이에 우리는 …… 돌에 새겨 표한다. 송을 지었다.

前有盧侯 앞서는 노 원님이 계셨고
後有柳金 뒤에는 류 김 원님이 계셨네
克新廟宇 묘우를 온전히 새롭게 하시어
昭垂德音 덕의 가르침이 밝히 내리시네
丁未四月日 改立
정미년(1727) 4월 일 고쳐 세움
齋任 李○○
재임 이○○

수령의 인적사항—앞의 내용과 같음.
관련 행적과 특기사항—앞의 내용과 같음.

縣監任侯澤鎬悅乎齋創建碑 현감임후택호열호재창건비

비석의 문면

崇禎紀元後五辛巳五月日
縣監任侯澤鎬悅乎齋創建碑
都監 金秉賢
有司 李能遇
　　　金元壽

문면의 해석

縣監任侯澤鎬悅乎齋創建碑
현감 임택호 원님 열호재 창건비
都監 金秉賢
도감 김병현
有司 李能遇 金元壽
유사 이능우 김원수
崇禎紀元後五辛巳五月日
숭정기원후 5신사(1881) 5월 일

우측면

校長 李基泰(교장 이기태)
齋任 李在倫 立(재임 이재륜 세움)

후면

齋主倅任侯澤鎬之創也額嶺伯李公根弼之題也爲其造
士賓學之風而盖取諸魯論不亦悅乎之義也苟非平日學
問之力能如是哉經綸措劃記文昭載持守方略節目已詳
更何疊架哉然紙有旹而欠焉木愈久而蠹焉兹用片石以
示永世云爾遂爲之銘曰
齋彼黌傍 伊誰之力
牖我後學 曰有先覺 齋末 李[火白]記

후면 해석

齋主倅任侯澤鎬之創也 額嶺伯李公根弼之題也 爲其造士賓學之風 而盖取諸魯論不
亦悅乎之義也 苟非平日學問之力 能如是哉 經綸措劃 記文昭載 持守方略 節目已詳
更何疊架哉 然紙有峕而欠焉 木愈久而蠹焉 玆用片石 以示永世云爾 遂爲之銘曰

열호재는 임택호 원님이 창건한 것이며, 편액은 경상도관찰사 이근필공이 쓴 것이다. 선
비들이 모이고 학자를 초빙하는 기풍을 위한 것인데, 그 이름은 논어의 "또한 기쁘지 아니
한가[不亦悅乎]의 뜻을 취한 것이다. 진실로 평소에 학문을 닦은 힘이 아니라면 능히 이
렇게 할 수 있었겠는가. 이 집을 지은 경륜과 기획한 사실은 기문에 밝히 실려 있고, 이 집
을 유지하고 지킬 방법과 지혜는 절목에 이미 상세히 실려 있으니 다시 무엇을 거듭 보태
겠는가. 그러나 종이도 때로는 훼손될 수가 있고 나무는 오래될수록 좀이 먹기도 한다. 이
제 작은 돌에 새겨서 영원한 세대에 보이려고 한다. 마치면서 이를 위하여 명을 지었다.

齋彼黌傍 저기 향교 곁의 열호재
牖我後學 우리 후학을 인도하도다
伊誰之力 이는 누구의 힘이었던가
曰有先覺 선각자가 있었다 하리라
齋末 李[火白]記
열호재의 말석에 있는 이박 기

수령의 인적사항

임택호(任澤鎬) : 1839~ 조선 말기의 문신이다. 본관은 풍천이고 자는 경로(景魯)이며 처음
이름은 임규호(任奎鎬)이다. 임하준(任夏準)의 아들이며 진사 임창재(任昌宰)의 아버지이
다. 1867년 식년시에 진사로 합격하여 벼슬에 나왔으며, 내직과 청하현감, 서산군수 등을
역임한 뒤 1885년 문과에 급제하여 수찬, 교리, 승지 등을 지냈다. 청하에는 1878년 부임
하여 1881년 서산군수로 갈 때까지 재직하였다. 청하 재직 중에 이름을 임규호에서 임택
호로 바꾸었다.

관련 행적과 특기사항

- 승정원일기 고종 9년(1872) 4월 28일 임규호任奎鎬)를 중부 도사(中部都事)로 삼았다.
- 승정원일기 고종 12년(1875) 1월 28일 임규호를 장악원 주부(掌樂主簿)로 삼았다.
- 승정원일기 고종 12년(1875) 7월 8일 임규호를 돈녕부 주부(敦寧主簿)로 삼았다.
- 승정원일기 고종 12년(1875) 9월 3일 임규호를 한성 판관(漢城判官)으로 삼았다.
- 승정원일기 고종 13년(1876) 10월 11일 임규호를 명릉 령(明陵令)으로 삼았다.
- 승정원일기 고종 15년(1878) 6월 27일 임규호를 청하 현감(淸河縣監)으로 삼았다.

- 승정원일기 고종 17년(1880) 8월 28일
  이조에서 아뢰었다.
  "청하 현감 임규호는 이름을 택호(澤鎬)로 고쳤습니다."
- 승정원일기 고종 18년(1881) 7월 12일 임택호(任澤鎬)를 서산 군수(瑞山郡守)로 삼았다.
- 승정원일기 고종 20년(1883) 7월 11일 임택호를 보성 군수(宝城郡守)로 삼았다.
- 승정원일기 고종 22년(1885) 9월 19일
  신시에 주상께서 건청궁에 나가시어 새로 급제한 사람들의 사은(謝恩)을 받았다.
    … 문과 을과 임택호(任澤鎬) …
- 승정원일기 고종 22년(1885) 10월 6일 새로 급제한 임택호에게 교리(校理)를 제수하였다.
- 승정원일기 고종 22년(1885) 12월 11일 임택호를 남학 교수(南學敎授)로 삼았다.
- 승정원일기 고종 23년(1886) 7월 10일 임택호를 사복시 정(司僕正)으로 삼았다.
- 승정원일기 고종 25년(1888) 11월 7일 임택호를 부수찬(副修撰)으로 삼았다.
- 승정원일기 고종 25년(1888) 11월 22일 임택호를 교리(校理)로 삼았다.
- 승정원일기 고종 26년(1889) 12월 19일 임택호를 홍문관 수찬(弘文館修撰)으로 삼았다.
- 승정원일기 고종 27(1890)년 1월 27일 임택호를 병조 참지(參知)로 삼았다.
- 승정원일기 고종 31(1894)년 9월 19일 우부승지 임택호

縣監朴公承顯永世不忘碑　현감박공승현영세불망비

비석의 문면
百弊矯王 蠲徭拊愛 惟知民樂 休明厥德
海瘼最先 薄賦恤隣 極務惠宣 永世以伝
縣監朴公承顯永世不忘碑
同治十二年癸酉三月日 海民立

문면의 해석
縣監朴公承顯永世不忘碑
현감 박승현공 영세불망비
百弊矯王 모든 폐단의 왕법을 바로잡음에
海瘼最先 바닷가 고통이 가장 먼저였네
蠲徭拊愛 요역을 없애고 어루만져 아끼며
薄賦恤隣 부역을 줄이고 이웃을 진휼했네
惟知民樂 오직 백성의 즐거움을 알 뿐
極務惠宣 은혜를 베풀기에 지극히 힘썼네
休明厥德 아름답고 밝으신 그분의 덕을
永世以伝 영원한 세대에 전하리로다
同治十二年癸酉三月日 海民立
동치 12년(1873) 계유 3월 일 바닷가 백성이
세움

수령의 인적사항
박승현(朴承顯) : 1803~?. 조선 후기의 문신이다. 본관은 밀양이며 자는 회수(晦叟)이다. 박정회(朴廷會)의 아들이다. 1845년 향시에 합격하고 1846년 식년시 진사에 합격하여 영릉참봉을 시작으로 괴산군수에 이르렀다.
청하에는 1864년에 부임하여 1867년 흡곡현령으로 갈 때까지 3년간 재직했으며 선정을 베풀어 암행어사의 보고서에 기록되었다.

관련 행적과 특기사항

- 충청감영계록(忠淸監營啓錄)

  진사 3등 유학 박승현(朴承顯) 43세. 본관 밀양(密陽). 서산(瑞山) 거주. 부 학생 박정회(朴
  廷會).

- 승정원일기 헌종 12년(1846) 2월 28일

  주상께서 희정당에 나가시어 새로 합격한 생원 진사의 사은을 받았다.

  ⋯ 진사 박승현(朴承顯) ⋯

- 승정원일기 철종 9년(1858) 12월 20일 박승현(朴承顯)을 영릉 참봉(永陵參奉)으로 삼았다.

- 승정원일기 철종 12년(1861) 5월 15일 박승현을 선공감 봉사(繕工奉事)로 삼았다.

- 승정원일기 철종 13년(1862) 7월 1일 박승현을 의영고 직장(義盈直長)으로 삼았다.

- 승정원일기 고종 1년(1864) 1월 20일 박승현을 사재감 주부(司宰主簿)로 삼았다.

- 승정원일기 고종 1년(1864) 5월 9일 박승현을 인의(引儀)로 삼았다.

- 승정원일기 고종 1년(1864) 6월 20일 박승현을 청하 현감(淸河縣監)으로 삼았다.

- 승정원일기 고종 4년(1867) 6월 27일 박승현을 흡곡 현령(歙谷縣令)으로 삼았다.

- 경상도 암행어사 박선수 서계(書啓) 1867년(고종 4년)

  (청하) 전 현감(前縣監) 박승현(朴承顯)입니다.

  읍은 작고 업무는 간솔하여 원래부터 조처하려고 노력할 필요는 없었습니다. 서리들은
  가슴으로 품어주었으며 백성들은 안심했는데, 이것은 실제로 그의 정치가 염약(恬約)했
  기 때문입니다

- 승정원일기 고종 6년(1869) 12월 11일 박승현을 괴산 군수(槐山郡守)로 삼았다.

진경산수의 고향, 청하읍성

초판발행 2021년 5월 18일

지은이 박창원 이재원 김상백
펴낸이 포항지역학연구회
편　집 이재원

펴낸곳 도서출판 나루
출판등록 2015년 12월 4일
등록번호 제504-2015-000014호
주소 포항시 북구 우창동로80 112-202

ISBN 979-11-956898-9-7 93910